PODE O EMPREGADOR TER ACESSO À INFORMAÇÃO GENÉTICA DO TRABALHADOR?

ROBERTO CAMILO LELES VIANA

Advogado. Graduado em Direito pela Universidade Federal de Viçosa. Especialista em Direito do Trabalho pela Universidade Gama Filho. Mestre em Direito pela Universidade de Coimbra — Portugal.

PODE O EMPREGADOR TER ACESSO À INFORMAÇÃO GENÉTICA DO TRABALHADOR?

EDITORA LTDA.

© Todos os direitos reservados

Rua Jaguaribe, 571
CEP 01224-001
São Paulo, SP — Brasil
Fone (11) 2167-1101
www.ltr.com.br

Produção Gráfica e Editoração Eletrônica: RLUX
Projeto de capa: FÁBIO GIGLIO
Impressão: COMETA GRÁFICA E EDITORA

LTr 4876.5
Janeiro, 2014

Dados Internacionais de Catalogação na Publicação (CIP)
(Câmara Brasileira do Livro, SP, Brasil)

Viana, Roberto Camilo Leles
  Pode o empregador ter acesso à informação genética do trabalhador? / Roberto Camilo Leles Viana. — São Paulo : LTr, 2013.

  Bibliografia
  ISBN 978-85-361-2754-5

  1. Biotecnologia 2. Dignidade humana 3. Direito do trabalho 4. Direitos fundamentais 5. Direitos humanos 6. Genética médica 7. Genoma humano 8. Relações de trabalho I. Título.

13-11396   CDU-34:331

Índice para catálogo sistemático:

1. Genética do trabalhador e o princípio da dignidade da pessoa humana : Relações de trabalho : Direito do trabalho   34:331

SUMÁRIO

INTRODUÇÃO	7
CAPÍTULO 1 — ESTRUTURA GENÉTICA HUMANA	9
1.1. Interdisciplinaridade científica	9
1.2. Estrutura genética humana	10
1.2.1. Doença genética	13
1.3. Genoma humano, identidade genética e patrimônio genético	15
CAPÍTULO 2 — PROJETO GENOMA HUMANO E MEDICINA PREDITIVA	18
2.1. Projeto genoma humano	18
2.2. Medicina preditiva	20
2.2.1. Testes genéticos	22
CAPÍTULO 3 — TESTES GENÉTICOS NO ÂMBITO LABORAL	25
3.1. Testes genéticos no âmbito laboral	25
3.1.1. Monitorização genética dos trabalhadores	26
3.1.2. Seleção genética dos trabalhadores	30
3.1.2.1. Seleção genética para características não associadas ao ambiente laboral	32
3.1.2.2. Seleção genética para predisposições associadas ao ambiente laboral	34
CAPÍTULO 4 — INFORMAÇÃO GENÉTICA	37
4.1. Informação genética	37
4.2. Uso histórico da informação genética	38
CAPÍTULO 5 — RAZÕES PARA A UTILIZAÇÃO DA INFORMAÇÃO GENÉTICA NO ÂMBITO LABORAL	42
5.1. Razões para a utilização da informação genética no âmbito laboral	42
5.1.1. Interesse da entidade patronal	43
5.1.2. Interesse do trabalhador	44

5.1.3. Interesse de terceiros 46
5.1.4. Interesse da sociedade 47

CAPÍTULO 6 — NORMATIZAÇÃO DA UTILIZAÇÃO DA INFORMAÇÃO GENÉTICA 49

6.1. Previsão legislativa sobre a utilização da informação genética no âmbito laboral 49
    6.1.1. Quadro Normativo Internacional 50
    6.1.2. Quadro Normativo em Portugal 54
    6.1.3. Quadro Normativo no Brasil 59

6.2. Requisitos para o uso da informação genética no âmbito laboral 63
    6.2.1. Submissão aos testes genéticos e consentimento informado 63
    6.2.2. Acesso às informações obtidas por meio dos testes genéticos 66
    6.2.3. Comunicação e interpretação do resultado do teste genético 67
    6.2.4. Aconselhamento genético para o uso da informação genética 68

CAPÍTULO 7 — DIGNIDADE HUMANA E DIREITOS FUNDAMENTAIS DO TRABALHADOR 71

7.1. Dignidade humana do trabalhador 71
    7.1.1. Princípio da dignidade humana 72

7.2. Direitos fundamentais do trabalhador 74
    7.2.1. Direito à igualdade 76
    7.2.2. Direito ao trabalho 79
    7.2.3. Direito à intimidade 81
    7.2.4. Direito ao desenvolvimento da personalidade e à identidade genética 82

CAPÍTULO 8 — RAZÕES PARA A NÃO UTILIZAÇÃO DA INFORMAÇÃO GENÉTICA NO ÂMBITO LABORAL 85

8.1. Razões para a não utilização da informação genética no âmbito laboral 85
    8.1.1. Caráter meramente probabilístico das predisposições genéticas 85
    8.1.2. Direito à intimidade genética 87
    8.1.3. Direito a não saber 90
    8.1.4. Direito à mentira 91
    8.1.5. Direito ao trabalho 92
    8.1.6. Discriminação genética 94

CONCLUSÃO 101

BIBLIOGRAFIA 105

INTRODUÇÃO

A revolução biotecnológica que se operou no mundo nas últimas décadas trouxe grandes mudanças na maneira de se perceber o homem. Os progressos da ciência permitiram o conhecimento sobre aspectos antes intangíveis do ser humano, proporcionando uma compreensão única sobre a origem e o desenvolvimento da espécie. O avanço instigado pelo Projeto Genoma Humano viabilizou a análise da composição genética de cada indivíduo e o diagnóstico de inúmeras doenças. A detecção, *in vivo* ou *in vitro*, de afecções de manifestação tardia conferiu à tecnologia genética as mais amplas potencialidades, nomeadamente no campo da medicina preditiva.

As possibilidades abertas pelo conhecimento preditivo, capaz de antever doenças antes de os sintomas se manifestarem, geram fascínio, mas também trazem consequências negativas nunca antes imaginadas para as relações sociais. Concomitante aos benefícios alcançados em termos de qualidade e expectativa de vida estão as possíveis agressões ao ser humano. Além disso, a rapidez com que as inovações são anunciadas não permite que se absorvam todas as implicações sobre o conhecimento produzido, fato que desafia os mecanismos tradicionais de obtenção do saber, dificultando a normatização e a discussão dos novos problemas. Lacunas se abrem entre as novas oportunidades e a necessidade de regulamentação.

No âmbito da relação trabalhista, a questão fundamental, a que os ordenamentos jurídicos terão que responder, é a da admissibilidade ou não de acesso patronal à informação genética do trabalhador por meio da feitura de testes genéticos, seja em sede de processo formativo do contrato de trabalho ou durante a vigência do vínculo laboral. O tema se justifica pela sua relevância não só jurídica, mas também social, visto que o conhecimento sobre os trabalhadores de maneira individualizada já é determinante para o mercado de trabalho.

Portanto, a discussão se dará em torno da realização dos testes genéticos no âmbito do contrato de trabalho a partir de uma aproximação fundada na dignidade humana e nos direitos fundamentais do homem, estruturando a pesquisa em capítulos, cada qual com uma abordagem direcionada para aspectos específicos que circundam o tema.

Assim, será feita uma explanação sucinta, mas essencial sobre as noções básicas da estrutura genética humana, com a exposição dos conceitos de doença genética, genoma humano, identidade genética e patrimônio genético. A seguir serão apresentadas as transformações trazidas pelo Projeto Genoma Humano, divisor de águas na seara das ciências genéticas. Depois, verificar-se-á o estado atual de desenvolvimento da medicina, com ênfase na medicina preditiva e suas possibilidades. Distinguir-se-ão os testes genéticos pelo tipo de informação que podem revelar sobre a saúde do indivíduo, analisando suas consequências diretas nos contratos de trabalho, destacando-se as diferenças entre monitorização genética e seleção genética dos trabalhadores.

Dando continuidade, aborda-se a utilização da informação genética no âmbito do contrato de trabalho. Verificar-se-ão as origens históricas, bem como as razões para o recurso a tal fonte de dados, nomeadamente em função dos interesses das entidades patronais, trabalhadores, terceiros e sociedade. Far-se-á, a seguir, um apanhado da previsão legislativa internacional, portuguesa e brasileira sobre o emprego da informação genética no contexto laboral. Por último, proceder-se-á a análise dos principais requisitos para o uso dos dados genéticos na relação de trabalho, nomeadamente o consentimento informado e o aconselhamento genético.

Por último dedica-se ao estudo sobre a dignidade do trabalhador e a necessidade de sua proteção contra a discriminação devido à sua composição genética. Determinar-se-ão quais os direitos fundamentais compreendidos na discussão e a sua normatividade no plano dogmático-constitucional português e brasileiro. Com o objetivo de percorrer todo o caminho necessário, serão apresentadas e discutidas as razões para a não utilização da informação genética no âmbito laboral.

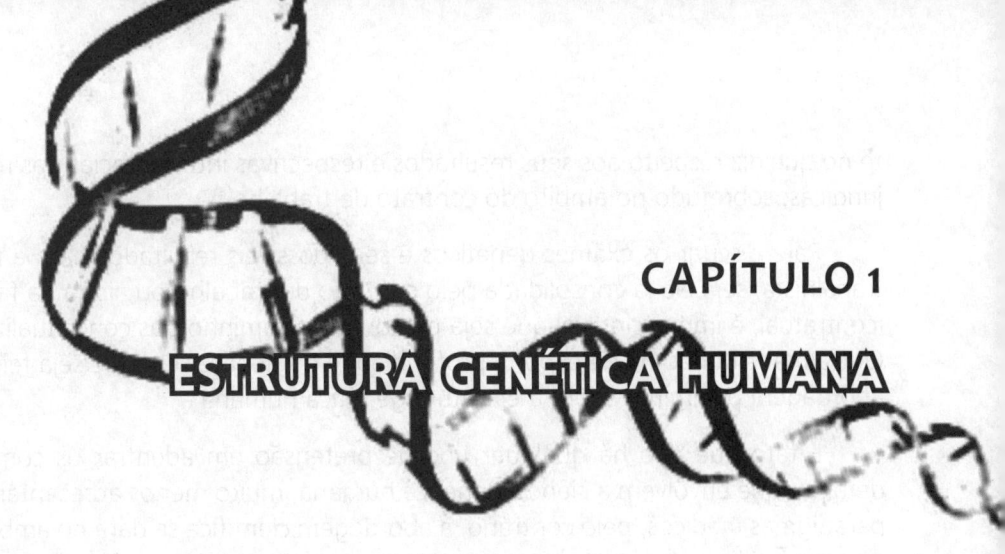

CAPÍTULO 1
ESTRUTURA GENÉTICA HUMANA

1.1. INTERDISCIPLINARIDADE CIENTÍFICA

Para a ciência jurídica, o homem é autor e destinatário do direito, criador e, ao mesmo tempo, finalidade da criação, uma vez que a normatização das relações sociais faz do indivíduo sujeito e realizador do Direito. Já para a ciência genética humana, ramo do saber que estuda a variação e a hereditariedade dos seres humanos[1], o homem se traduz num conjunto de genes que são transpassados de geração para geração.

O paradigma da compartimentalização, segundo o qual as ciências naturais e humanas são desenvolvidas a partir de sistemas fechados, os quais não mantêm relações entre si, resulta no desenvolvimento de cada disciplina desconhecendo os progressos das outras, razão pela qual, diz-se que, a par de se aperfeiçoarem muito pela especialização alcançada, também acabam por criar distorções, ao trazerem visões reducionistas e muitas vezes bastante simplificadas sobre a realidade[2]. A dissociação das ciências naturais e humanas, característica do pensamento moderno, acabou por traduzir-se na negação da perspectiva ontológica do homem e na consequente afirmação de seu caráter biológico como o único capaz de explicar a natureza humana[3].

Atualmente, tal paradigma não é mais compatível. A reflexão deve basear-se em outras perspectivas que possam captar as complexidades resultantes das novas técnicas e da própria sociedade. Pois ciências distintas, com maneiras autônomas de enxergar o homem, como são Direito e Genética, encontram-se ligadas pela via da necessidade de normatização das pesquisas genéticas humanas, principalmen-

---

(1) THOMPSON, James; THOMPSON, Margaret. *Genética médica*. 6. ed. Rio de Janeiro: Guanaba Koogan, 2002. p. 1.
(2) MOSER, Antônio. *Biotecnologia e bioética:* para onde vamos? São Paulo: Vozes, 2004. p. 93.
(3) JUNGES, José Roque. *Bioética;* perspectivas e desafios. São Leopoldo: UNISINOS, 1999. p. 82.

te no que diz respeito aos seus resultados e respectivas interferências nas relações jurídicas, sobretudo no âmbito do contrato de trabalho[4].

Para discutir os exames genéticos e seus possíveis resultados para a relação trabalhista, seja ela já consolidada pelo contrato de trabalho ou ainda na fase pré-contratual, é imprescindível que seja percorrido o caminho das conceitualizações. Outra maneira não há de expor a profundidade do debate sem que seja feita uma abordagem preliminar sobre a estrutura genética humana.

É fato que não há qualquer tipo de pretensão em adentrar os complexos detalhes que envolvem a ciência genética humana, muito menos apresentar novos paradigmas médicos, pelo contrário, a abordagem científica se dará no âmbito das ciências jurídicas, fazendo-se com que as explanações técnicas sejam apenas uma parte da necessária fundamentação para o posterior desenvolvimento dos direitos envolvidos.

Portanto, é preciso esclarecer como os testes genéticos são feitos e de que modo os seus resultados inteferirão na vida social e laboral do indivíduo. Para isso, será necessário limitar os tipos de investigação genética que interessam para a relação jurídica entre empregador e empregado, o que se pretende fazer demonstrando-se desde a lógica sequencial da estrutura genética humana até a interpretação dos dados obtidos por meio dos testes genéticos individuais.

1.2. ESTRUTURA GENÉTICA HUMANA

A informação genética do ser humano se encontra no DNA (*deoxyribonucleic acid*), presente no interior de cada célula do corpo. O DNA é composto, em parte, por quatro bases nitrogenadas denominadas, com suas respectivas siglas: adenina (A), citosina (C), guanina (G) e timina (T)[5], e cada uma delas carrega a menor parte possível da informação genética. Para cada indivíduo, a sequência dessas bases

---

(4) *"Uma das características mais salientes do nosso tempo é sem dúvida a interdisciplinaridade científica e a sua presença activa na progressiva complexidade social que vivemos, com a abertura de novos horizontes e novas possibilidades."* MARTINS, João Nuno Zenha. *O genoma humano e a contratação laboral:* progresso ou fatalismo? Oeiras: Celta, 2002. p. 1.
(5) O DNA é um ácido nucleico composto de três tipos de unidades: um açúcar de cinco carbonos, a desoxirribose, uma base nitrogenada e um grupo fosfato. As bases podem ser de dois tipos, purinas e pirimidinas. As primeiras são: adenina (A) e guanina (G), e as segundas: timina (T) e citosina (C). Cada composto de uma base, um fosfato e um açúcar formam um nucleotídeo, os quais polimerizam-se em longas cadeias. No DNA humano, estas cadeias polinucleotídicas têm centenas de milhões de nucleotídeos, variando de cerca de 50 milhões de pares de bases para o menor cromossomo até 250 milhões de pares de bases para o maior cromossomo. THOMPSON, James; THOMPSON, Margaret. *Genética médica. Op. cit.* p. 13.

é diferente, por isso, não há um indivíduo idêntico a outro[6] e não existem seres vivos com características genéticas idênticas.

Cada molécula de DNA, conhecida pela sua significativa imagem de dupla hélice[7], forma um cromossomo. Com exceção das células da linhagem germinativa, óvulo e espermatozoide, todas as demais células do corpo humano, chamadas de células somáticas, possuem 46 cromossomos agrupados em pares. Cada cromossomo de um par é herdado de um dos pais biológicos, ou seja, 23 são oriundos da mãe e 23 do pai. Desses 23 pares de cromossomos, 22 são similares em homens e mulheres e são chamados de autossomos, numerados em ordem decrescente do maior (cromossomo 1) até aos menores (cromossomos 21 e 22). O par restante constitui os cromossomos sexuais, XX nas mulheres e XY nos homens[8].

Ao longo dos cromossomos, ocupando uma posição precisa ou *locus*, estão os genes, responsáveis pela estrutura e pelo funcionamento do organismo, bem como pela transmissão da informação genética de geração para geração[9]. O *locus* pode ser ocupado por formas alternativas de um gene, denominados alelos. Devido ao fato de os cromossomos estarem em pares, há duas cópias de um gene em cada *locus*, cada uma delas herdada de um dos pais biológicos. Quando dois ou mais alelos são encontrados em um conjunto de pessoas, tem-se um polimorfismo, a presença de diferentes formas de um gene para uma determinada característica[10].

O gene corresponde, especificamente, a um código distinto, a informação para produzir uma determinada proteína[11] e controlar uma característica particular do organismo. Na linguagem química do código genético, o gene funciona como

---

(6) Exceto casos de gêmeos "monozigóticos, univitelinos ou idênticos, que são geneticamente iguais, porque se originam de um só zigoto, formado pela fecundação de um óvulo por um espermatozoide. [...] Os gêmeos monozigóticos (MZ) são do mesmo sexo e possuem genes idênticos. Teoricamente, qualquer diferença entre eles deve ser atribuída ao ambiente, no mais amplo sentido". BORGES-OSÓRIO, Maria Regina; ROBINSON, Wanyce Miriam. *Genética humana*. São Paulo: Artmed, 2002. p. 320.
(7) Em 1953, James Watson e Francis Crick apresentaram um modelo segundo o qual a molécula de DNA é constituída por duas cadeias polinucleotídicas dispostas em hélice ao redor de um eixo imaginário, girando para a direita, ou seja, uma dupla hélice. LACADENA, Juan-Ramón. *Genética y Bioética*. Madri: Desclée de Brouwer, 2002. p. 290.
(8) THOMPSON, James; THOMPSON, Margaret. *Genética médica*. Op. cit. p. 3-4.
(9) *Idem*. p. 353.
(10) Polimorfismo genético é a variação genética causada por mutações, que podem ou não ocasionar o surgimento de uma doença, mas que, muitas vezes, são apenas responsáveis pela variabilidade genética de uma população. NARDI, Nance Beyer. Doenças genéticas. Gênicas, cromossômicas, complexas. In: MIR, Luís (org.). *Genômica*. São Paulo: Atheneu, 2004. p. 211.
(11) Proteínas são compostas por uma cadeia de aminoácidos (compostos orgânicos), que, por sua vez, são codificados (criados) a partir de um segmento específico da estrutura do DNA (gene). Existem vários tipos de proteínas, mas, fundamentalmente, em relação à função que realizam, pode-se dizer que as proteínas são responsáveis pela manutenção e pela estrutura celular. ARASCAL, Federico; VALENCIA, Alfonso. Bioinformática. In: ZARAGOZA, Federico Mayor; BEDATE, Carlos Alonso (coords.). *Gen-Ética*. Barcelona: Ariel, 2003. p. 140.

uma "sentença", cujas letras são as quatro bases nitrogenadas (A, C, G e T), e cada conjunto de três bases é uma "palavra"[12]. Essa "sentença" sinaliza às células a síntese de uma proteína. O gene carrega a informação para fazer toda a proteína requerida pelo organismo, a qual determina, entre outras coisas, como o corpo metaboliza a comida ou "luta" contra uma infecção, bem como, algumas vezes, a manifestação de uma doença.

Elemento importante neste processo é o RNA (*ribonucleic acid*), o qual se utiliza do código genético contido no DNA para, a partir dele, produzir a sequência de aminoácidos da proteína a ser criada[13]. Esta sequência é responsável, designadamente, pelas características das proteínas. E essas características, por sua vez, decidem quais são as reações que vão ou não operar no corpo humano.

O conjunto dos genes de um organismo é chamado genótipo[14]. Já as características bioquímicas, fisiológicas e morfológicas observáveis naquele são denominadas fenótipo[15]. O genótipo condiciona o fenótipo, mas não o determina, sendo um parâmetro a partir do qual poderão decorrer diversas possibilidades, que resultarão nas características específicas de cada ser humano. Desse modo, o fenótipo é o resultado da interação do genótipo com fatores externos, tratando-se das características observáveis de uma pessoa[16].

---

(12) RIDLEY, Matt. *Genoma* — autobiografia de uma espécie em 23 capítulos. Lisboa: Gradiva, 2001. p. 14.
(13) "A ligação molecular entre o código de DNA dos genes e o código de aminoácidos das proteínas é o ácido ribonucleico (RNA). A estrutura química do RNA é similar à do DNA, exceto pelo fato de que cada nucleotídeo no RNA tem um açúcar ribose em vez de desoxirribose. Além disso, uracil (U) substitui timina como uma das pirimidinas do RNA. Uma diferença adicional entre o RNA e o DNA é que na maioria dos organismos o RNA existe como uma molécula unifilamentar, enquanto o DNA existe como uma dupla hélice. A correlação informacional entre DNA, RNA e proteína está interligada: o DNA dirige a síntese e a sequência do RNA, o RNA dirige a síntese e a sequência dos polipeptídeos e especifica as proteínas que estão envolvidas na síntese e no metabolismo do DNA e do RNA. A informação genética é estocada no DNA por meio de um código, o código genético, no qual a sequência de bases adjacentes determina a sequência de aminoácidos no polipeptídeo codificado. Primeiro, o RNA é sintetizado a partir de um molde de DNA por um processo conhecido como transcrição. O RNA, levando a informação codificada em uma forma chamada de RNA mensageiro (mRNA), é então transportado do núcleo para o citoplasma, onde a sequência de RNA é decodificada, ou traduzida, para determinar a sequência de aminoácidos na proteína que está sendo sintetizada. O processo de tradução ocorre nos ribossomos, que são organelas citoplasmáticas com sítios de ligação para todas as moléculas que interagem, incluindo o mRNA, envolvidas na síntese de proteínas. Os ribossomos são feitos de muitas proteínas estruturais diferentes em associação com um tipo específico de RNA, conhecido como RNA ribossômico (rRNA). A tradução envolve ainda um terceiro tipo de RNA, o RNA transportador (tRNA), que fornece a ligação molecular entre a sequência de bases do mRNA e a sequência de bases da proteína." THOMPSON, James; THOMPSON, Margaret. *Genética médica. Op. cit.* p. 14.
(14) DANCHIN, Antoine. *A decifração genética* — o que o texto dos genomas revela. Lisboa: Instituto Piaget, 1998. p. 362.
(15) THOMPSON, James; THOMPSON, Margaret. *Genética médica. Op. cit.*, p. 354.
(16) PENA, Sérgio Danilo Junho. Apresentação. Medicina genômica. In: MIR, Luís (org.). *Genômica*. São Paulo: Atheneu, 2004. p. 189.

Por fatores externos ou ambientais devem-se entender todos aqueles elementos não oriundos do corpo humano que possam influenciar em seu desenvolvimento e metabolismo, sejam naturais ou artificiais, favoráveis ou não ao indivíduo. Dentre estes podem-se destacar os cuidados com a alimentação, a prática ou não de exercícios físicos, a exposição a radiações ou a produtos químicos, aos quais acrescentam-se, ainda, os estímulos sociais e psicológicos, pois estes exercem influência sobre o estado não só mental, mas também físico do indivíduo, repercutindo em sua saúde.

As mudanças que ocorrem no genótipo são denominadas mutações. Tais alterações no arranjo do DNA podem ser classificadas em três categorias: mutações que afetam o número de cromossomos na célula (mutações genômicas); mutações que alteram a estrutura de cromossomos individuais (mutações cromossômicas); mutações que alteram genes individuais, ou seja, mudanças na sequência do DNA que variam de apenas uma única base a muitos milhares de pares de bases (mutações gênicas)[17]. Elas podem ocorrer tanto pelo processo normal de divisão celular quanto pela influência de fatores externos. O DNA humano está "sujeito às mais variadas mudanças hereditárias (mutações), rearranjos e/ou reorganizações gênicas, responsáveis pelas particularidades individuais"[18].

Todos os três tipos de mutações ocorrem em frequências apreciáveis nas diversas células do corpo humano e nem todas são responsáveis por originar doenças. O fato de alguém apresentar alterações genéticas não significa que esteja doente ou que, necessariamente, vá adoecer. Do ponto de vista clínico, são consideradas pessoas saudáveis, já que não apresentam sintomas. O termo, contudo, é comumente utilizado no sentido de doença, da presença de uma alteração responsável pelo aparecimento de uma enfermidade.

Se uma mutação ocorrer no DNA de células da linhagem germinativa, a alteração se traduz em uma característica genética herdável, que pode ser passada adiante para as gerações futuras. Em contraste, as mutações nas células somáticas ocorrem apenas em alguns tecidos do corpo, como, por exemplo, nos casos de câncer. Neste caso, as mutações somáticas não são transmitidas para a geração seguinte, permanecem no indivíduo afetado.

É importante, por isso tudo, destacar que a mudança na composição química de um dado gene acarreta, em regra, uma alteração na produção da respectiva proteína, que pode estar na origem de uma determinada doença genética.

1.2.1. Doença genética

A grande maioria das doenças é resultado da ação combinada de genes e ambiente, contudo, o papel relativo do componente genético pode ser maior ou

---

(17) THOMPSON, James; THOMPSON, Margaret. *Genética médica. Op. cit.* p. 69.
(18) ALHO, Clarice Sampaio. Dinâmica dos genes e medicina genômica. In: MIR, Luís (org.). *Genômica*. São Paulo: Atheneu, 2004. p. 76.

menor, dependendo da enfermidade. No caso das doenças genéticas, o papel dos genes é fundamental, uma vez que a enfermidade ocorre a partir da mutação de um desses elementos, fato que altera a característica da proteína produzida e gera o mal funcionamento do organismo humano.

Os principais distúrbios causados, total ou parcialmente, por fatores genéticos são os monogênicos, os cromossômicos e os multifatoriais[19].

Os distúrbios monogênicos são causados por um erro grave na informação genética levada por um único gene. Nestas situações, um gene será responsável pelo aparecimento de uma doença genética, independentemente de sua interação com qualquer fator externo. Pode-se dizer que a verificação deste tipo de distúrbio por meio de um teste genético pode ser traduzida como uma doença, que se manifestará em algum momento da vida do indivíduo[20][21].

Nos distúrbios cromossômicos, o defeito não se restringe a um único erro no código genético, mas trata-se de um excesso ou uma deficiência dos genes contidos em cromossomos inteiros ou em segmentos cromossômicos. Em alguns casos, os distúrbios são causados pela exposição a agentes ambientais, tais como, radiação ou produtos químicos. Esses fatores externos estão mais associados com a quebra de cromossomos do que com erros em seus números. A quebra pode interferir nos sinais genéticos necessários para o crescimento e reparação de células normais[22].

Já os distúrbios multifatoriais são o resultado da combinação de pequenas variações nos genes que produzem ou predispõem a um grave defeito quando em conjunto com fatores ambientais. As doenças multifatoriais necessitam da interação de diversos fatores para sua manifestação, ou seja, da presença do traço

---

(19) THOMPSON, James; THOMPSON, Margaret. *Genética médica. Op. cit.* p. 2 e 158.
(20) As doenças monogênicas mais comuns são: anemia falciforme, distrofia miotónica, distrofia muscular de Duchene, doença de Huntington, doença de Tay-Sachs, fenilcetonúria, fibrose cística, hemofilia, hipercolesterolemia familiar, talassemia, síndrome de Marfan e síndrome de X frágil. LOBO, Diana; AGUIAR, Cristina. *Doenças genéticas humanas.* Casa das ciências, 2012. p.10.
(21) "A maioria destes defeitos é rara, com uma frequência que pode ser tão alta quanto 1 em 500, mas em geral é muito menor. Embora individualmente raros, os distúrbios monogênicos como um grupo, são responsáveis por uma proporção significativa de doenças e mortes. Considerando a população como um todo, os distúrbios monogênicos afetam 2% da população durante todo o tempo de vida. Em um estudo populacional de mais de 1 milhão de crianças nascidas vivas, a incidência de graves distúrbios monogênicos na população pediátrica foi estimada como sendo de 0,36%; entre as crianças hospitalizadas, de 6% a 8% provavelmente têm distúrbios monogênicos." THOMPSON, James; THOMPSON, Margaret. *Genética médica. Op. cit.* p. 2.
(22) Exemplos de distúrbios cromossômicos são: síndrome de Down, trissomia: 18, 13 e X, síndrome de Cri-Du-Chat (miado de gato), síndrome de Klinefelter, síndrome de Tuner, síndrome de Wolf--Hirschhorn e síndrome de XYY. LOBO, Diana; AGUIAR, Cristina. *Doenças genéticas humanas. Op. cit.* p.10.

genético e da influência de fatores externos. Ressalta-se que sem o estímulo desses últimos, uma predisposição genética pode nunca vir a se manifestar[23][24][25].

Neste caso de enfermidade, a identificação dos genes que tornam uma pessoa susceptível à doença é especialmente atraente, por causa das possibilidades de prevenção e tratamento. Um indivíduo identificado com uma predisposição pode evitar os fatores de risco, tais como má alimentação ou agentes infecciosos, e, ainda, atentar ao desenvolvimento dos sintomas e proceder ao tratamento numa fase inicial. Quando a contribuição ambiental é reconhecida, há uma oportunidade efetiva de intervenção no curso natural da doença, pois a exposição ao fator pode ser modificada.

1.3. GENOMA HUMANO, IDENTIDADE GENÉTICA E PATRIMÔNIO GENÉTICO

Para a ciência genética, genoma humano é a soma de todas as informações genéticas codificadas dentro de cada célula do corpo. Em sentido amplo, refere-se a todo o DNA contido nos cromossomos, independentemente do que corresponde ou não aos genes. Já em sentido estrito, o genoma é o conjunto de genes que especifica todas as características potencialmente expressáveis do indivíduo. Isto é, "o conjunto de instruções que permite a construção de uma pessoa"[26].

Numa perspectiva evolutiva, o conceito de genoma humano representa o conjunto de combinações de DNA que constituem o cerne da diversidade e das possibilidades de evolução genética da espécie. O genoma contém o registro de todas as características históricas da espécie humana e dos seus ancestrais, desde os primórdios. Pode ser, assim, considerado um espaço simbólico e um bem cole-

---

(23) Os principais distúrbios multifatoriais são: Alzheimer, Malformações congênitas, cardiopatias congênitas, diabetes *mellitus*, hipertensão arterial e obesidade. *Idem.* p.10.
(24) As pesquisas sobre as doenças multifatoriais têm se concentrado em enfermidades como o câncer, doenças cardiovasculares e doenças neurodegenerativas, tais como Alzheimer e Parkinson. Com os avanços da medicina preditiva e a possibilidade de predição e realização de um prognóstico em indivíduos assintomáticos poderá ocorrer um impacto positivo no âmbito das políticas de saúde pública, visto que essas doenças afetam grande número da população. NARDI, Nance Beyer. Doenças genéticas. Gênicas, cromossômicas, complexas. In: MIR, Luís (org.). *Genómica. Op. cit.* p. 224.
(25) "Os distúrbios multifatoriais tendem a recorrer nas famílias, mas não apresentam os padrões característicos de heredogramas de características monogênicas As estimativas do impacto da doença multifatorial variam de 5% na população pediátrica até mais de 60% na população toda." THOMPSON, James; THOMPSON, Margaret. *Genética médica. Op. cit.* p. 2.
(26) MARTINS, João Nuno Zenha. *O genoma humano e a contratação laboral:* progresso ou fatalismo? *Op. cit.* p. 7-8.

tivo de toda a humanidade⁽²⁷⁾, um conjunto estruturado de informações, tanto do passado como do presente e mesmo quanto do futuro⁽²⁸⁾.

Helena Melo ressalta que o conceito de patrimônio comum ou bem comum da humanidade constitui um traço de união entre os seres humanos, fazendo parte do Direito Mundial que se procura discernir para além das diversidades culturais., estando, assim, "perante uma nova forma de sociabilidade mundial, fundada nos valores da solidariedade, cujos objectivos se situam além dos interesses de cada Estado, à escala da comunidade internacional"⁽²⁹⁾.

Consigna-se que o genoma é simultaneamente universal e individual, representa não só a informação genética de todos os seres humanos, como também as características específicas de um indivíduo concreto, determinado. O genoma define um espaço material que difere de indivíduo para indivíduo, marcando a singularidade da pessoa, constituindo sua identidade⁽³⁰⁾. Cada pessoa produz um perfil de bandas⁽³¹⁾ que é único para cada ser humano, do nascimento à morte, que o identifica como indivíduo⁽³²⁾. Trata-se da sua identidade genética⁽³³⁾.

O genoma determina também o patrimônio genético de uma pessoa, visto que a maneira de ser, de pensar e de estar no mundo de cada ser humano é condicionada, em princípio, pelo que os genes permitem. Todavia, o patrimônio genético transcende o genoma, pois abrange outras realidades, ou seja, abarca a influência de todos os fatores externos que contribuíram para a formação do indivíduo⁽³⁴⁾.

---

(27) Art. 1º, "O genoma humano constitui a base da unidade de todos os membros da família humana bem como de sua inerente dignidade e diversidade. Num sentido simbólico, é patrimônio da humanidade". UNESCO. *Declaração Universal sobre o Genoma Humano e Direitos do Homem*. Disponível em: <http://unesdoc.unesco.org/images/0012/001229/122990por.pdf>. Acesso em: 09 abr. 2012.
(28) BARBAS, Stela Marcos de Almeida Neves. *Direito do genoma humano*. Coimbra: Almedina, 2007. p. 13-14.
(29) MELO, Helena Pereira de. *Implicações jurídicas do Projecto Genoma Humano*: constituirá a discriminação genética uma nova forma de apartheid? Coimbra: Gráfica de Coimbra, 2007. p. 599-600.
(30) "Se são os genes que caracterizam cada uma das espécies que existem na natureza e lhe conferem caracteres específicos que as individualizam das outras espécies, são ainda os genes que caracterizam o indivíduo e o distinguem dos restantes, marcando a sua identidade única, indivisível e irrepetível." BARBAS, Stela Marcos de Almeida Neves. *Direito do genoma humano. Op. cit.* p. 14.
(31) Há quem use a expressiva metáfora "código de barras", no entanto, entende-se preferível referir-se como "singularidade genética", uma vez que aquela retoma a ideia de objeto, coisa ou produto do ser humano.
(32) ARCHER, Luís. Genoma e identidade. In: *Cadernos de Bioética*, n. 7, p. 66, 1994.
(33) Art. 26º, n. 3, "A lei garantirá a dignidade pessoal e identidade genética do ser humano, nomeadamente na criação, desenvolvimento e utilização das tecnologias e na experimentação científica". PORTUGAL. *Constituição da República Portuguesa*. Disponível em: <http://www.parlamento.pt/Legislacao/Documents/constpt2005.pdf>. Acesso em: 28 jul. 2012.
(34) "O ser humano é um misto de carga genética e de sociabilidade, mas um misto desigual, no qual a primeira condiciona a segunda, e esta, por seu turno, transfigura aquela. O homem, desde a concepção até à morte, vive um permanente processo de personalização. O fenótipo é dinâmico,

Nesse sentido, Stela Barbas define patrimônio genético como o universo de componentes físicos, psíquicos e culturais que começam no antepassado remoto, permanecem constantes, embora com mutações ao longo das gerações, e em conjugação com fatores ambientais e num processo permanente de interação, passam a constituir a própria identidade da pessoa, e por isso tem-se o direito de guardar, defender e posteriormente transmitir às próximas gerações[35].

Tal definição demonstra a urgência de se proteger a identidade genética, salvaguardando as características transmitidas de geração em geração. Pois a composição genética de cada indivíduo representa um tipo especial de propriedade, um conjunto de dados exclusivo, que se distingue de todos os outros tipos de informação, razão pela qual merece especiais formas de garantia.

---

emerge da interacção do genótipo como um todo (milhares de genes) com o complexo ambiente. A pessoa é, por excelência, um ser circunstanciado." BARBAS, Stela Marcos de Almeida Neves. *Direito do genoma humano. Op. cit.* p. 13.
(35) BARBAS, Stela Marcos de Almeida Neves. *Direito ao patrimônio genético.* Coimbra: Almedina, 1998. p. 17.

CAPÍTULO 2
PROJETO GENOMA HUMANO E MEDICINA PREDITIVA

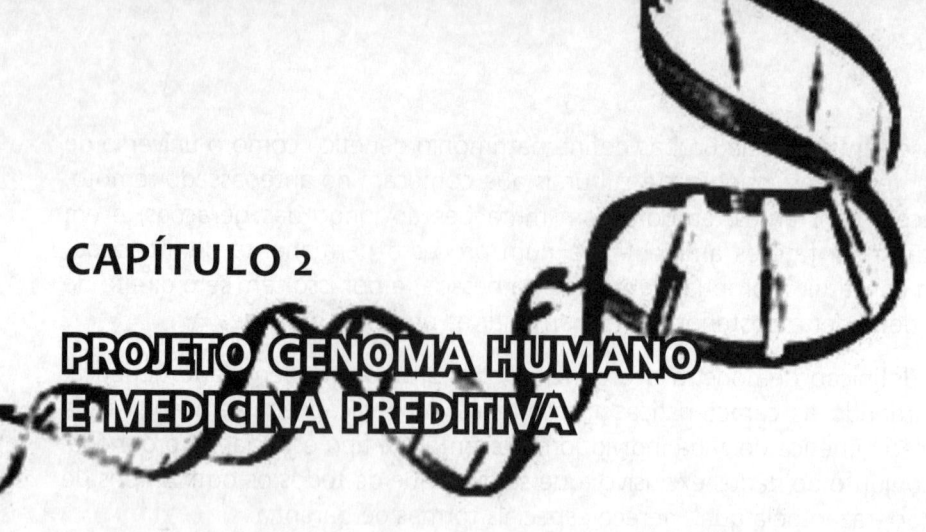

2.1. PROJETO GENOMA HUMANO

O Projeto Genoma Humano (*Human Genome Project*) é traduzido como o esforço da pesquisa internacional para sequenciar e mapear todos os genes dos seres humanos[36]. Iniciado formalmente em 1990 e projetado para durar quinze anos, o projeto foi coordenado pelo Departamento de Energia dos EUA (*U.S. Department of Energy Office of Science*) e pelos seus Institutos Nacionais de Saúde (*National Institutes of Health*). Nos primeiros anos, o *Wellcome Trust* — Reino Unido, tornou-se um importante parceiro, contribuições adicionais vieram do Japão, França, Alemanha, China, entre outros. Com a reunião dos esforços desses países formaram-se o *International Genome Sequencing Consortium* (ISC) e a *Human Genome Organization* (HUGO), entidades que contribuíram imensamente para atingir as finalidades almejadas[37].

Os objetivos do Projeto Genoma Humano foram: identificar todos os cerca de 20 mil a 25 mil genes no DNA humano; determinar as sequências dos 3 bilhões de pares de bases químicas que compõem o DNA humano; armazenar essas informações em bancos de dados; melhorar os instrumentos de análise dos dados; transferir tecnologias relacionadas com o setor privado; e abordar as questões éticas, legais e sociais que pudessem surgir a partir do projeto[38].

Em 2003, dois anos antes do que inicialmente se pensava, o projeto foi concluído com o anúncio[39] da decodificação de 99% do genoma huma-

---

(36) THOMPSON, James; THOMPSON, Margaret. *Genética médica*. Op. cit. p. 115.
(37) LACADENA, Juan-Ramón. *Genética y bioética*. Op. cit. p. 282-283.
(38) HUMAN GENOME PROJECT. *About the Human Genome Project* Disponível em: <http://www.ornl.gov/sci/techresources/Human_Genome/home.shtml>. Acesso em: 23 jan. 2012.
(39) Declaração conjunta dos seis chefes de Estado dos países envolvidos, Grã-Bretanha, Alemanha, China, França, Estados Unidos da América e Japão no dia 14 de abril de 2003.

no[40]. O projeto possibilitou um maior conhecimento sobre a estrutura e o funcionamento dos genes humanos, tornando-se um marco na história da pesquisa genética e no desenvolvimento das técnicas utilizadas em testes genéticos, bem como nos novos rumos da Medicina.

O projeto traçou um mapa da localização exata dos genes presentes nos cromossomos humanos, com o detalhamento de todos os elementos que os compõem, designando-se a primeira tarefa como mapeamento[41] e a segunda como sequenciação[42]. Com o censo completo da totalidade dos genes na arquitetura dos cromossomos poder-se-á, na medida das necessidades futuras, dispor da informação genética de forma mais simples e eficaz.

A partir dos dados obtidos pela conclusão do projeto, tornou-se possível diagnosticar precocemente uma grande quantidade de alterações no genoma humano, detectando-se afeções que, dependendo de alguns fatores, poderão ou não se manifestar mais tarde na forma de doenças. Os avanços em genética humana e biologia molecular forneceram uma melhor compreensão dos mecanismos da saúde e da doença, pois ao possibilitar o conhecimento sobre a estrutura e o funcionamento dos genes, permitiu também o desenvolvimento da medicina preditiva e dos testes genéticos[43].

Ressalta-se, no entanto, que o acesso aos dados genéticos individuais, bem como suas possíveis aplicações, colocam profundas questões éticas, legais e sociais em debate. Como forma de explorar tais questionamentos, criou-se, no âmbito do Projeto Genoma Humano, um grupo de trabalho sobre as implicações éticas dos avanços científicos, denominado *Ethical, Legal, and Social Issues* (ELSI).

---

(40) "A sequenciação completa confirmou a existência de 30 mil genes humanos. No entanto, calcula-se que existam mais de 300 mil proteínas distintas o que significa que cada gene pode estar implicado na síntese de 10 proteínas. As proteínas que constituem os tecidos e regulam as funções do corpo são muito mais complexas do que se pensava inicialmente." BARBAS, Stela Marcos de Almeida Neves. *Direito do genoma humano. Op. cit.*, p. 62.
(41) Por meio do mapeamento genético é possível conhecer a localização de cada gene nos cromossomos humanos. O mapeamento pode ser realizado por dois métodos: o mapeamento físico, que permite situar os genes em locais determinados ao longo dos cromossomos, e o mapeamento genético, que permite a determinação da distância entre os genes nos cromossomos. THOMPSON, James; THOMPSON, Margaret. *Genética médica. Op. cit.* p. 96.
(42) Na sequenciação determina-se a ordem dos nucleotídeos na molécula do DNA. É possível, ainda, estabelecer a ordem dos aminoácidos em uma proteínas, ou seja, com a descoberta da sequência de nucleotídeos de uma região do DNA, pode-se determinar a sequência de aminoácidos de uma proteína. CHAMPE, Pamela C.; HARVEY, Richard A.; FERRIER, Denise R. *Bioquímica ilustrada*. 3. ed. São Paulo: Artmed, 2006. p. 15.
(43) "One of the first practical accomplishments of Human Genome Project has been an increase in the ability to determine whether an individual is suffering from a genetic disease, and whether the individual's DNA contains genetic material that predisposes that individual, or her offspring, to certain genetic diseases and disorders." MAXWELL; J. MEHMAN; J. D.; JEFFREY R.; BOTKIN, M. D., M.P.H. *Access to the Genome* — The Challenge to Equality. Washington, D.C.: Georgetown University Press, 1998. p. 40.

Não obstante os celeumas éticos, legais e sociais, a conclusão do Projeto Genoma Humano "ficará para a História como o início da era pós-genômica, considerada uma das mais importantes da Humanidade"[44]. Além disso, o término do sequenciamento e mapeamento do genoma não deve ser visto como um fim. Pelo contrário, deve marcar o começo de uma nova etapa, a da genômica aplicada à Medicina e à saúde[45].

Francis Collins chamou a publicação da conclusão do Projeto Genoma Humano de *"the end of the beginning"*. Explicou que a compreensão crítica da expressão gênica, a conexão entre as variações de sequência e o fenótipo, as interações proteína-proteína em grande escala e a análise global da biologia humana teria início com o fim do intento. Ressaltou, ainda, que para ele, como médico, o verdadeiro resultado será a possibilidade de melhorar o diagnóstico, tratamento e prevenção das doenças, além de outros benefícios que ainda estão por acontecer para a humanidade. Com a imensa variedade de dados nas mãos, estar-se-á apto a alcançar propósitos que jamais foram imaginados[46].

Pode-se dizer, assim, que a primeira etapa para o conhecimento genético foi concluída com o Projeto Genoma Humano, que reuniu as informações contidas no DNA, restando, agora, a compreensão dos dados obtidos[47]. O genoma, como conjunto do DNA do corpo humano, é apenas informacional, na medida em que será codificado no RNA e, posteriormente, nas proteínas, dependendo dos genes que estão expressos naquela circunstância[48]. Justamente entender o funcionamento desse complexo sistema, em que um gene é capaz de se expressar das mais diversas formas, é a atual tarefa da ciência genética.

2.2. MEDICINA PREDITIVA

A Medicina passou por diversas etapas até chegar aos dias atuais. Houve uma época em que priorizou somente a Medicina Curativa, que atua quando a doença já se instalou no paciente, devendo ser tratada a partir de então. Posteriormente surgiu a Medicina Preventiva[49], cujo foco é a prevenção, ou seja,

---

(44) BARBAS, Stela Marcos de Almeida Neves. *Direito do genoma humano. Op. cit.* p. 62-63.
(45) COLLINS, Francis S.; MORGAN M., Patrinos A. The Human Genome Project: Lessons from Large--scale Biology. *Science*, 2003. p. 286-290.
(46) COLLINS, Francis S. Genomics: the coming revolution in medicine. *Global Agenda, the magazine of the World Economic*. Forum Annual Meeting, 2003. Disponível em: <http://www.genome.gov/Pages/News/Documents/GlobalAgenda.pdf>. Acesso em: 03 abr. 2012.
(47) SILVA, Reinaldo Pereira e. *Introdução ao biodireito:* investigações político-jurídicas sobre o estatuto da concepção humana. São Paulo: LTr, 2002. p. 29-30.
(48) PENA, Sérgio Danilo Junho. Apresentação. Medicina genômica. In: MIR, Luís (org.). *Genômica. Op. cit.* p. 188.
(49) Esta Medicina emergiu quando os especialistas médicos começaram a observar que certas medidas de cuidado à saúde, como a higiene pessoal e hábitos alimentares, poderiam evitar diversas doenças.

a realização de atos preventivos que irão contribuir para o não aparecimento e a regressão de doenças[50].

Hodiernamente, pode-se contar também com a Medicina Preditiva[51], Predizente ou Genômica, que tem como essência a capacidade de fazer predições sobre a possibilidade de o paciente vir a desenvolver algum tipo de doença, tendo como base testes feitos no material genético[52]. Por meio das informações fornecidas pelas análises genéticas é possível compreender o funcionamento do corpo humano e determinar, com certa precisão e antecedência, quais são as chances de um indivíduo vir a desenvolver uma doença cuja causa está predisposta nos seus genes.

Desde a década de 1970, quando se tornou possível a realização de testes para a identificação da presença de alterações genéticas em indivíduos assintomáticos[53], que não apresentam sintomas clínicos de manifestação de alguma doença, surgiu a Medicina Preditiva, traduzindo-se em aplicações de conhecimentos de genética humana na prática médica[54]. Considerada, por muitos, a medicina do futuro, ela permite a avaliação de predisposições eminentemente genéticas e tenta antever o aparecimento de determinadas doenças que estão relacionadas às características hereditárias de cada indivíduo.

Embora apresente inúmeras vantagens em termos de diagnostico e prevenção, a medicina predizente tem o condão de gerar questionamentos difíceis ao Direito e à sociedade, a partir do momento em que fornece informações sensíveis que podem gerar graves reflexos na vida da pessoa, pois o conhecimento da informação genética e da susceptibilidade ao desenvolvimento de uma doença abrange inúmeros aspectos da esfera privada e social do indivíduo.

---

(50) SÉGUIN, Elida. *Biodireito*. 4. ed. Lúmen Júris: Rio de Janeiro: 2005. p. 16.
(51) Santiago Grisolia, sobre o surgimento do termo "medicina preditiva" e a suas diferenças com a medicina tradicional, afirma que há "transformação de uma medicina paliativa para uma nova medicina que, com sua clara visão de futuro, Jean Dausset definiu como medicina preditiva", chamando atenção, ainda, para a distância, atualmente existente, entre a possibilidade de diagnóstico antecipado — medicina preditiva — e a falta de tratamentos eficazes contra doenças, o que traz algumas questões relativas ao porquê de se saber com antecedência e em que casos isto seria conveniente. GRISOLIA, Santiago. A biotecnologia no terceiro milênio. In: CASABONA, Carlos Maria Romeo (org.). *Biotecnologia, direito e bioética*. Perspectivas em direito comparado. Belo Horizonte: Del Rey, 2002. p. 20.
(52) "A common application of genetic technology will be the diagnosis of patients who are suffering from disease. Disease amenable to genetic testing will include heritable conditions, acquired genetic conditions, and diseases caused by infectious agents." MAXWELL, J.; MEHMAN, J. D.; JEFFREY; R.; BOTKIN, M. D., M.P.H. *Access to the Genome* — The Challenge to Equality. Washington, D.C.: Georgetown University Press, 1998. p. 21.
(53) LOUREIRO, João Carlos Simões Gonçalves. *Constituição e biomedicina*. Contributo para uma teoria dos deveres bioconstitucionais na esfera da genética humana. Coimbra: 2003. p. 628. v. II.
(54) MOREIRA-FILHO, Carlos Alberto. Medicina genômica e prática clínica. In: MIR, Luís (org.). *Genômica*. São Paulo: Atheneu, 2004. p. 195.

Além disso, tal conjunto de dados pode gerar o interesse de terceiros que tentarão acedê-lo para as mais diversas finalidades. No âmbito do contrato de trabalho, as entidades patronais sentir-se-ão tentadas a querer saber, já hoje, as doenças de que os seus trabalhadores poderão vir a padecer amanhã, prevenindo-se, assim, dos riscos, faltas, subsídios e outros encargos gerados pela relação trabalhista.

O desenvolvimento da Medicina Preditiva, impulsionado pelo completo mapeamento e sequenciação do genoma humano, trouxe a possibilidade de se revelar o ser humano através de "uma bola de cristal"[55]. A sua diferença em relação à medicina tradicional reside no fato de que, enquanto esta busca o tratamento de doenças a partir das suas manifestações clínicas, aquela examina pessoas saudáveis, que, com o passar do tempo, poderão vir a apresentar uma doença ou uma maior predisposição para certas enfermidades[56], tudo isso por meio da utilização de testes genéticos, instrumentos capazes de demonstrar a composição genética do indivíduo e suas possíveis susceptibilidades.

2.2.1. Testes genéticos

Os testes genéticos são capazes de identificar as características hereditárias de uma pessoa, bem como as mudanças ocorridas nos cromossomos ou em partes do DNA[57]. Podem descobrir genes específicos em um dado genótipo e determinar alterações que ocorrem no DNA das células do corpo humano. Tais exames permitem conhecer os detalhes da constituição genética de cada pessoa e constituem a mais importante aplicação prática do conhecimento sobre o genoma humano[58].

O acesso ao genoma humano, através dos testes genéticos, pode ser realizado nas amostras biológicas em que estejam presentes a constituição genética característica de um indivíduo. Por meio de qualquer parte do material biológico, como células do sangue, da pele e dos ossos ou plasma sanguíneo, que contenha DNA, é possível realizar a análise genética de uma pessoa[59].

---

(55) BERNAT, Edwin. Aspectos legales de los avances en genética humana: un punto de vista austríaco. *Revista de Derechoy Genoma Humano*, Bilbao, n. 3, p. 39, jul./dec. 1995.
(56) RUFFIE, Jacques. *O nascimento da medicina preditiva*. Lisboa: Instituto Piaget, 1995. p. 60.
(57) Art. 2º, xii, "Teste genético: método que permite detectar a presença, ausência ou modificação de um determinado gene ou cromossoma, incluindo um teste indirecto para um produto genético ou outro metabolito específico essencialmente indicativo de uma modificação genética específica". UNESCO. *Declaração Internacional sobre Dados Genéticos Humanos*. 2003. Disponível em: <http://bvsms.saude.gov.br/bvs/publicacoes/declaracao_inter_dados_genericos.pdf>. Acesso em: 08 abr. 2012.
(58) PETTERLE, Selma Rodrigues. *O direito fundamental à identidade genética na Constituição brasileira*. Porto Alegre: Livraria do Advogado, 2007. p. 31.
(59) Art. 2º, IV, define amostra biológica como "qualquer amostra de material biológico (por exemplo células do sangue, da pele e dos ossos ou plasma sanguíneo) em que estejam presentes ácidos

Os testes genéticos averiguam se um ou vários genes responsáveis por doenças estão presentes ou não no genoma de uma pessoa. A sua utilização permite identificar o risco que cada indivíduo possui tanto de padecer de uma enfermidade concreta quanto de a transmitir aos seus descendentes. Possibilitam predizer doenças de que indivíduos aparentemente sãos virão a sofrer[60].

A diferença entre a presença de um gene responsável por uma doença e a efetiva manifestação de uma enfermidade cria uma importante separação no que tange aos resultados obtidos com os testes genéticos. Ou seja, é possível obter tanto um diagnóstico certo e atual quanto uma informação sobre a propensão futura, um prognóstico. Os testes genéticos diagnósticos são aqueles capazes de revelar a saúde atual de uma pessoa, de denunciar a presença ou não de doenças no momento de sua realização, atestando a capacidade atual do indivíduo. Já os testes genéticos de prognóstico, ou de natureza preditiva, permitem detectar uma predisposição genética para uma afecção, demonstram a presença de um ou vários genes que, sob certas condições, poderão influenciar, no futuro, a manifestação de uma enfermidade.

De modo geral, os testes genéticos são: teste pré-sintomático, teste preditivo, teste para detecção do estado de heterozigotia e teste de rastreio[61].

O teste pré-sintomático ou diagnóstico pré-sintomático de doenças monogênicas pode ser realizado em qualquer fase da vida da pessoa e possibilita descobrir uma alteração genética que se revelará numa determinada doença, com uma probabilidade de cerca de 100%. Através do diagnóstico genético é possível predizer uma doença monogênica vários anos ou até décadas antes de ela se manifestar[62].

---

nucleicos e que contenha a constituição genética característica de um indivíduo". UNESCO. *Declaração Internacional sobre Dados Genéticos Humanos. Op. cit.*
(60) "Para avaliar a relevância dos testes, é importante salientar que até ao presente foram inventariadas mais de quatro mil espécies de alterações genéticas e que algumas delas correspondem a doenças hereditárias com grande incidência. Os novos testes já diagnosticam a Coreia de Huntington, fibrose quística, Alzheimer, Tay Sachs, Lou Gehrig, hemofilia, talassemia, deficiência alfa-l-antitripsina, esclerose lateral amiotrófica, ataxia talangectasia, gaucher, cancro do ovário, da mama, e do cólon hereditário, mal de Charcot-Marie-Tooth, hiperplasia adrenal congénita, distrofia muscular de Duchenne, distonia, anemia de Falconi, factor V-Leiden, síndroma X-frágil, distrofia miotónica, neurofibromatose de tipo I, fenilcetonúria, doença poliquística renal, síndromas de Prader Willi e de Angelman, etc. Relativamente a algumas destas doenças o teste revela ainda, apenas, uma susceptibilidade de vir a sofrer da enfermidade, como é o caso de alguns tipos de cancro referidos e da doença de Alzheimer." BARBAS, Stela Marcos de Almeida Neves. *Direito do genoma humano. Op. cit.* p. 86.
(61) Nesse sentido, art. 10º da Lei n. 12/2005 de 26 de janeiro. PORTUGAL. *Lei n. 12/2005 de 26 de janeiro*. Disponível em: <http://www.cnpd.pt/bin/legis/nacional/Lei12-2005.pdf>. Acesso em: 28 jun. 2012.
(62) Art. 10º, "Consideram-se testes pré-sintomáticos os que permitam a identificação da pessoa como portadora, ainda assintomática, do genótipo inequivocamente responsável por uma dada doença monogénica". *Idem.*

O teste preditivo ou predizente pode detectar genes de susceptibilidade (predisposição) para uma doença dependente da influência de condições ambientais. Revela que uma pessoa tem uma probabilidade mais elevada de vir a desenvolver um mal do que o restante da população se exposta a fatores externos. Logo, a manifestação da doença está condicionada à combinação de fatores genéticos e ambientais[63][64].

O teste de detecção do estado de heterozigotia ou de predição de riscos para futuras gerações permite, por exemplo, detectar translocações de que uma pessoa é portadora. Apesar de esses indivíduos não manifestarem, aparentemente, qualquer sinal da enfermidade, sendo toda a vida saudáveis, podem transmiti-la de forma desequilibrada à descendência, resultando em várias doenças[65][66].

O teste de rastreio ou triagem populacional de doenças genéticas tem como intuito conhecer a difusão de doenças infecciosas ou hereditárias numa determinada população, procurando evitar o aparecimento ou a transmissão de genes nocivos. Destina-se a toda população, não se limitando a um indivíduo específico. O termo triagem, que se origina do vocábulo francês *triage*, significa seleção, separação de um grupo, ou mesmo escolha entre inúmeros elementos. Em Saúde Pública, define a ação primária dos programas de triagem, a detecção, através de testes aplicados numa população, de um grupo de indivíduos com probabilidade elevada de apresentarem determinadas patologias[67][68].

---

(63) Art. 10º, n. 3, "Consideram-se testes genéticos preditivos os que permitam a detecção de genes de susceptibilidade, entendida como uma predisposição genética para uma dada doença com hereditariedade complexa e com início habitualmente na vida adulta". *Idem*.
(64) O método mais utilizado neste tipo de teste é o estudo de associação, no qual são comparados indivíduos com e sem a doença, independentemente do fato de serem parentes ou não, e analisados os seus genótipos. Serão identificados aqueles que, por possuírem determinada constituição genética, terão uma suscetibilidade aumentada em relação ao restante da população de virem a sofrer de determinada enfermidade. MOREIRA-FILHO, Carlos Alberto. Medicina genômica e prática clínica. In: MIR, Luís (org.). *Genômica. Op. cit*. p. 201.
(65) Art. 10º, n. 1, "[...] consideram-se testes para detecção do estado de heterozigotia os que permitam a detecção de pessoas saudáveis portadoras heterozigóticas para doenças recessivas". PORTUGAL. *Lei n. 12/2005 de 26 de janeiro. Op. cit*.
(66) São, designadamente, os casos das enfermidades ligadas ao cromossoma X (miopatia de Duchenne) e da coreia de Huntington. BARBAS, Stela Marcos de Almeida Neves. *Direito do genoma humano. Op. cit*. p. 88.
(67) A triagem é uma prática corrente e a Organização Mundial da Saúde, desde a década de 1960, disciplina tal prática. Deve ser promovida pelas autoridades públicas de saúde e só terá lugar depois de a doença objeto da triagem ter sido identificada. Importante que a doença se revista de determinada relevância e afete uma grande parcela dos membros da sociedade. MINISTÉRIO DA SAÚDE. Manual de Normas Técnicas e Rotinas Operacionais do Programa Nacional de Triagem Neonatal. Ministério da Saúde, Secretaria de Assistência à Saúde, Coordenação — Geralde Atenção Especializada. — Brasília: Ministério da Saúde, 2002. p. 9. Ressalta Stela Barbas que qualquer triagem "deve passar por uma prévia avaliação das demais necessidades da população bem como pela ponderação dos benefícios e desvantagens da realização daquele específico rastreio. É preciso ter em atenção que algumas práticas de rastreio podem estimular, ainda que sub-repticiamente, tendências eugênicas". BARBAS, Stela Marcos de Almeida Neves. *Direito do genoma humano. Op. cit*. p. 89.
(68) Art. 10º, n. 1, "Consideram-se testes de rastreio todos os testes diagnósticos, de heterozigotia, pré-sintomáticos, preditivos ou pré-natais que são aplicados a toda a população ou grupos populacionais de risco aumentado, nomeadamente por gênero, idade, origem étnica, em qualquer altura da vida". PORTUGAL. *Lei n. 12/2005 de 26 de janeiro. Op. cit*.

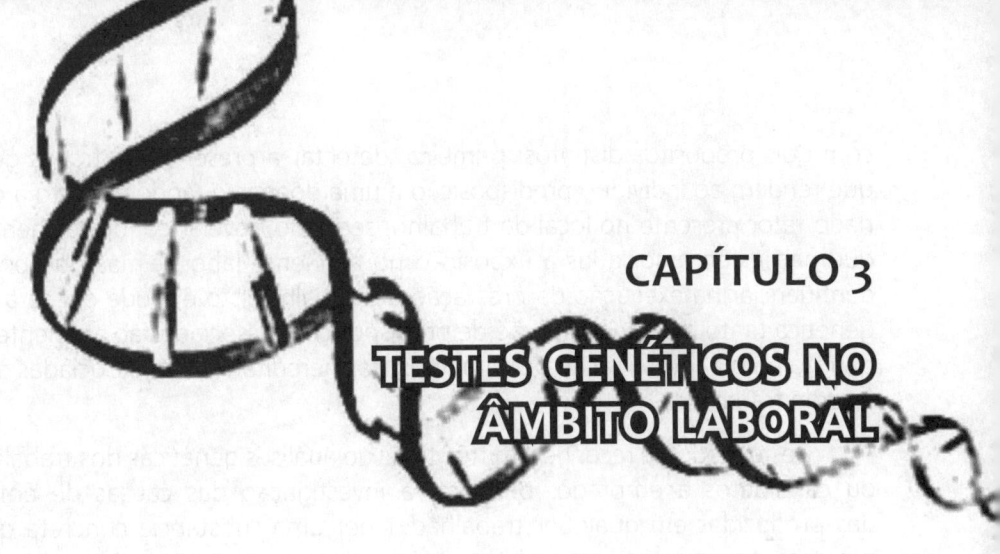

CAPÍTULO 3
TESTES GENÉTICOS NO ÂMBITO LABORAL

3.1. TESTES GENÉTICOS NO ÂMBITO LABORAL

No âmbito do contrato de trabalho, os testes genéticos podem ocorrer de duas maneiras distintas: monitorização genética (*genetic monitoring*) e seleção genética (*genetic screening*)[69].

A monitorização genética ou "verificação genética" refere-se aos exames periódicos com o objetivo de verificar se o material genético do trabalhador sofreu alguma alteração ao longo do tempo devido à exposição a substâncias perigosas no local de trabalho. Tem como finalidade evitar ou reduzir o risco de doenças causadas por mutações genéticas relacionadas com o ambiente laboral[70].

Já a seleção genética diz respeito à análise de forma ampla das características hereditárias dos trabalhadores ou candidatos a emprego, não se restringe a verificar as modificações ocasionadas pelo ambiente de trabalho, pelo contrário, examina toda a estrutura genética da pessoa na busca de qualquer sinal que possa sinalizar propensão à manifestação de uma afecção. A seleção pode ser usada

---

(69) Os termos *genetic monitoring* e *genetic screening* são amplamente utilizados na doutrina internacional, principalmente no contexto jurídico norte-americano, onde se encontram vários estudos sobre os reflexos da utilização dos testes genéticos no âmbito laboral. Opta-se, no entanto, pela adaptação desses termos para a língua portuguesa, respectivamente, "monitorização genética" e "seleção genética", tendo em vista o melhor entendimento do tema. Salienta-se, que a opção pela expressão "seleção genética" se dá devido à já existência no contexto normativo português das designações "rastreio ou triagem genética" para identificar uma categoria especifica de exame genético.
(70) CASABONA, Carlos Maria Romeo. *Del gen al derecho*. Bogotá: Universid Externado de Colombia — Centro de Estudios sobre Genética y Derecho, 1996. p.98.

com dois propósitos distintos: primeiro, detectar a presença de traços genéticos que rendem ao indivíduo predisposição a uma doença quando exposto a determinado fator presente no local de trabalho; segundo, revelar condições hereditárias que não estão associadas à exposição no ambiente laboral, mas que podem vir a influenciar na execução da prestação de trabalho. Isto é, pode dar-se a seleção genética tanto para a verificação de predisposições associadas ao ambiente laboral quanto para a investigação de características hereditárias não associadas à atmosfera de trabalho.

Deste modo, se reconhecem três tipos de análises genéticas dos trabalhadores ou candidatos a emprego: primeira, a investigação das causas de enfermidades produzidas em qualquer trabalhador por uma substância concreta que está presente no ambiente laboral; segunda, os testes para identificar uma possível predisposição genética que pode determinar uma hipersensibilidade à exposição a substâncias específicas que estão presentes no ambiente laboral; terceira, os testes de detecção para identificar a predisposição genética para uma patologia que pode surgir no futuro[71].

3.1.1. Monitorização genética dos trabalhadores

A monitorização genética é a avaliação periódica de um ou mais trabalhadores com intuito de verificar se o material genético foi alterado no decorrer da atividade laboral devido à exposição a agentes genotóxicos[72] ou a outros fatores no local de trabalho, e fornecer, assim, um aviso antecipado de possíveis danos à saúde[73]. As vantagens de um programa de monitorização incluem: identificar risco de exposição a substâncias potencialmente perigosas para um ou vários indivíduos, delimitar áreas para avaliação de práticas de segurança e saúde no local de trabalho e detectar previamente perigos desconhecidos.

No entanto, a monitorização apresenta certas limitações, nomeadamente quanto à irrelevância do procedimento, quando os danos causados pela exposição não sejam genéticos. Além disso, agentes externos, não relacionados à exposição no local de trabalho, podem afetar os resultados, tornando os testes inconclusivos[74].

---

(71) CATALANO, Giuseppe. Analisis genetico de los trabajadores italianos: un enfoque jurídico. *El Derecho ante el Proyecto Genoma Humano*. Bilbao: Fundación BBV, 1994. p. 331. v. IV.
(72) Danos ao DNA, referentes a agentes (radiação ou substâncias químicas) conhecidos por danificar o DNA, causando mutações e câncer. MILLER-KEANE, O'Toole. *Encyclopedia and Dictionary of Medicine, Nursing, and Allied Health*. 7. ed. [s. l.]: Saunders, 2003.
(73) SCHULTE, P. A., HALPERIN, W. E. Genetic Screening and Monitoring in the Workplace. In: HARRINGTON, J. M. *Recent Advances in Occupational Health*. Edinburgh: Churchill Livingstone, 1987. p. 143. v. 3.
(74) U.S. DEPARTMENT OF HEALTH AND HUMAN SERVICES, Centers for Disease Control and Prevention, National Institute for Occupational Safety and Health. *Genetics in the workplace:* implications for occupational safety and health. NIOSH, 2009. p. 47.

Neste caso, a monitorização genética detecta nos trabalhadores alterações que surgiram a partir de exposições fora do ambiente laboral, ou seja, não ocupacionais. Hábitos pessoais, idade e decisões de estilo de vida, como o uso do tabaco, podem induzir alterações no material genético do indivíduo e influenciar no momento da realização dos exames. Assim, um programa de monitorização necessita do estudo detalhado de vários aspectos para a correta avaliação da saúde ocupacional.

O uso da monitorização genética é defendido como uma forma de fornecer aos indivíduos expostos um acompanhamento médico mais completo. Todavia, surge a preocupação de que a ação resultante incida apenas sobre o trabalhador, ao invés de priorizar a minimização ou eliminação dos fatores responsáveis por tornar o ambiente perigoso à saúde. A hierarquia dos controles de um programa de segurança e saúde no local de trabalho exige ênfase na mudança da atmosfera de trabalho para o controle das exposições ocupacionais.

A prevenção primária deve focar na eliminação da exposição, ou, caso isso não seja possível, na sua minimização, seja por meio dos controles de engenharia, do treinamento de pessoal, de controle administrativo ou de equipamentos de proteção coletiva ou individual. Já a prevenção secundária deve visar a redução dos efeitos biológicos da exposição por meio do acompanhamento médico do indivíduo, na tentativa de detectar o problema cedo o suficiente para fazer a diferença no desenvolvimento da doença, e pode ser justificada nos casos em que existem exposições não identificadas ou que não podem ser adequadamente controladas. Por sua vez, a prevenção terciária deve buscar a correção dos efeitos da doença por meio de medidas de remoção médica ou recolocação no emprego. Tratam-se dos casos nos quais se faz necessária a transferência do trabalhador para outro local de trabalho onde a exposição é menor ou ausente[75].

Luís Archer salienta que, no caso de a monitorização genética apresentar resultado positivo generalizado, mostrando efeitos nocivos do ambiente sobre a saúde dos trabalhadores, o empregador tem a obrigação ética de melhorar as condições de saúde e segurança no trabalho. Destaca, ainda, que se apenas uma fração dos trabalhadores foi afetada pela exposição, é necessário proceder-se a uma análise genética mais detalhada, para determinar se se trata de uma predisposição genética específica de certos indivíduos[76].

---

(75) "Medical removal: Removal of a worker from a particular job task, title, worksite, or employment by an employer due to (1) a present medical condition or perceived susceptibility to a future medical condition believed to affect workplace performance negatively or (2) an exposure believed to negatively affect the worker's current or future health or that of his/her children".U.S. DEPARTMENT OF HEALTH AND HUMAN SERVICES, Centers for Disease Control and Prevention, National Institute for Occupational Safety and Health. *Genetics in the workeplace:* implications for occupational safety and health. *Op. cit.* p. XVIII.
(76) ARCHER, Luís. *Da genética à bioética.* Coimbra: Gráfica de Coimbra, 2006. p. 190-191.

A monitorização genética pode ser vislumbrada como a concretização de medidas de medicina do trabalho ou meios de acompanhamento do estado de saúde dos trabalhadores e das condições de trabalho[77]. Isto é, um reforço aos tradicionais métodos de prevenção e controle de doenças profissionais, contribuindo para o progresso científico no campo da eliminação das doenças ocupacionais. Pois conhecer a informação genética dos trabalhadores pode tornar mais fácil a construção de um ambiente de trabalho que não agrida a saúde e não acarrete doenças àqueles que nele laboram. A análise interessa, então, à saúde do trabalhador, ao dever do empregador de proporcionar segurança no trabalho e ao dever da sociedade de promover o bem-estar dos cidadãos.

Assim, em circunstâncias ideais, a monitorização genética pode favorecer trabalhadores, empregadores e sociedade, por meio da melhoria da saúde da força de trabalho. Os trabalhadores ganham máxima informação sobre os riscos de mutação genética e são atendidos com medidas de proteção ou, em último caso, com alteração dos postos de trabalho quando os resultados dos testes indiquem que tal ação é necessária. Os empregadores se beneficiam com a redução dos custos com doenças profissionais e com o aumento da produtividade. E a sociedade, por sua vez, garante a melhoria da qualidade de vida e saúde das pessoas.

No entanto, não há garantias de que tal análise será realmente empregada para reduzir a doença ocupacional ou que se realizará de forma ética. Para proteger de modo eficaz os interesses de todas as partes são necessários dois fatores: primeiro, um mecanismo para decidir quando é apropriada a utilização da monitorização genética no local de trabalho; segundo, a definição das diretrizes de como os resultados obtidos devem ser aplicados.

É preciso garantir a privacidade e a confidencialidade dos dados, defender a igualdade de oportunidades no emprego e proibir qualquer forma de estigmatização ou discriminação dos trabalhadores. Faz-se indispensável que certos critérios sejam estabelecidos para minimizar os possíveis efeitos deletérios da aplicação da análise genética no âmbito do contrato de trabalho e maximizar os benefícios para todas as partes.

Primeiro, os empregadores deverão sempre demonstrar a necessidade do programa de monitorização genética e comprovar o perigo de exposição ao ambiente laboral. A entidade patronal deve ser capaz de provar uma alta prevalência de doença genética entre a força de trabalho e o aumento do risco de morbidade devido à existência de fatores de risco no local de trabalho[78].

Segundo, os propósitos da realização da monitorização genética no local de trabalho devem ser alcançáveis e claramente articulados antes da implementação.

---

(77) BARBAS, Stela Marcos de Almeida Neves. *Direito do genoma humano. Op. cit.*, p. 570.
(78) U.S. CONGRESS, Office of Technology Assessment. *Genetic monitoring and screening in the workplace*. Washington, DC: U.S. Government Printing Office, 1990. p. 149.

Nos objetivos do programa devem figurar a proteção da saúde do empregado e a redução dos encargos de doença profissional para trabalhadores, empregadores e sociedade. A capacidade da análise genética para satisfazer a esses fins deve ser determinada antes da implementação do programa e tudo isso deve ser comunicado aos trabalhadores, de modo a evitar mal-entendidos e elevadas expectativas com algo que pode não vir a ser concebido ou viável. Acrescenta-se que apenas testes cientificamente validados devem ser utilizados. Os exames escolhidos devem estar sujeitos ao mínimo possível de erros de interpretação e fornecer o maior número de informações clinicamente relevantes para a proteção da saúde do empregado[79].

Terceiro, a participação dos trabalhadores, de maneira individual ou geral, deve ser voluntária. Por razões éticas, bem como para fins de eficácia, o máximo envolvimento da força de trabalho na concepção e implementação do programa de monitorização genética no local de trabalho é desejável. A participação voluntária requer que os trabalhadores que optem por não se submeterem aos exames não comprometam as suas oportunidades no emprego. Se possível, medidas alternativas de proteção devem ser fornecidas aos trabalhadores que não desejam participar do programa. Além disso, os trabalhadores devem ter a liberdade de interromper, a qualquer momento, a participação nos testes. Trata-se de reconhecer a autonomia dos trabalhadores e de lhes oferecer a oportunidade para obtenção de informações sobre os riscos do trabalho, se assim o escolherem, sem, todavia, os obrigar a participar[80][81].

Quarto, qualquer programa de monitorização genética no local de trabalho deve aplicar-se igualmente a todos os trabalhadores. Igualdade de acesso aos exames diminui a possibilidade de tais esquemas serem usados ou vistos como dispositivos para discriminação dos trabalhadores[82].

Quinto, o consentimento informado deve ser fornecido a todos os indivíduos que se submetam aos testes genéticos. O consentimento informado para monitorização genética deve ocorrer independentemente de ser realizado a pedido do trabalhador, do empregador ou para fins de diagnóstico médico. Devem os trabalhadores serem informados dos propósitos do teste, incluindo uma descrição de todas as ambiguidades inerentes ao projeto, todos os usos previstos dos resultados e os planos para a divulgação dos dados resultantes[83].

---

(79) U.S. CONGRESS, Office of Technology Assessment. *Genetic monitoring and screening in the workplace*. Op. cit. p. 149.
(80) *Idem*. p. 150.
(81) ARCHER, Luís. *Da genética à bioética*. Op. cit. p. 190.
(82) U.S. CONGRESS, Office of Technology Assessment. *Genetic monitoring and screening in the workplace*. Op. cit. p. 150.
(83) *Idem, ibidem*.

Sexto, qualquer pessoa que se submeter à monitorização genética no local de trabalho deve ter acesso aos resultados. Tal informação deve ser sempre disponibilizada aos trabalhadores que participam do programa. Mesmo que o teste genético não indique claramente o risco, os indivíduos devem receber os resultados, se assim desejarem[84].

Sétimo, deve ser fornecida aos trabalhadores e aos empregadores a interpretação profissional dos resultados do monitoramento genético, de modo que o programa possa atingir os fins pretendidos. Isto é, os resultados devem ser interpretados por um conselheiro genético, para que a evidência estatística de riscos no local de trabalho seja completamente esclarecida. Trata-se de um cuidado especial para que não haja perpetuação de casos de desinformação e, por conseguinte, estigmatização de determinados grupos. Ressalta-se que o aconselhamento genético deve ser fornecido para todos os trabalhadores que se submetem aos testes genéticos, especialmente quando os resultados indicam aumento do risco de uma doença genética[85].

Por último, os resultados da monitorização genética devem ser confidenciais. Os trabalhadores devem ter a capacidade de restringir o acesso aos resultados dos testes genéticos. O ideal é que a informação seja fornecida apenas aos funcionários examinados e que os empregadores só tenham acesso àquela após o consentimento explícito do trabalhador ou no caso de ser impossível a identificação dos sujeitos envolvidos. A este respeito, a monitorização genética deve ser realizada como qualquer outra forma de serviço de exames médicos, preservando a confidencialidade[86]. Para se atingir tal objetivo, faz-se necessário que os materiais biológicos recolhidos dos trabalhadores não possam ser utilizados para fins distintos dos pretendidos com a monitorização, devendo ser destruídos imediatamente após o uso prescrito[87].

3.1.2. Seleção genética dos trabalhadores

A seleção genética procura conhecer as características que o indivíduo traz consigo desde o nacimento, ou seja, diferentemente dos exames de monitorização, não almeja identificar danos causados pelo ambiente laboral, mas sim as possíveis afecções que possam se manifestar no decorrer do vínculo de trabalho, devido à composição hereditária do trabalhador ou candidato a emprego.

---

(84) U.S. CONGRESS, Office of Technology Assessment. *Genetic monitoring and screening in the workplace. Op. cit.* p. 150.
(85) *Idem, ibidem.*
(86) *Idem, ibidem.*
(87) Nesse sentido, Luís Archer assevera que "é eticamente exigido que os materiais biológicos (sangue ou outros) obtidos a partir dos trabalhadores para os testes de monitorização não sejam usados para outros testes e sejam destruídos logo após a utilização prescrita". ARCHER, Luís. *Da genética à bioética. Op. cit.* p.190.

Todavia, antes de se falar propriamente em seleção genética, é necessário delinear o conceito de doença ocupacional, visto que a diferenciação dos propósitos desse tipo de análise residem, justamente, no fato de uma possível doença ou predisposição estar ou não relacionada ao ambiente laboral[88].

Há muito se reconhece que existem riscos para a saúde da pessoa decorrentes dos vários ambientes de trabalho, ameaças muitas vezes associadas à exposição a agentes nocivos. Assim, qualquer alteração na saúde do trabalhador provocada por fatores relacionados com a atmosfera de trabalho pode ser tratada como uma doença ocupacional[89]. Tais alterações são, normalmente, adquiridas quando o indivíduo é exposto acima do limite por ele suportado a agentes químicos, físicos, biológicos ou radioativos, sem proteção compatível com o risco envolvido[90].

Em geral, as doenças ocupacionais levam algum tempo para se manifestarem e, quando isso ocorre, podem aparecer sob a forma de tumores malignos (câncer) ou lesões em órgãos, entre outras. As mais comuns são doenças do sistema respiratório e da pele, e os cuidados são essencialmente preventivos, pois a maioria das doenças ocupacionais são de difícil tratamento[91].

Deste modo, no âmbito do contrato de trabalho, a seleção genética pode ser aplicada com dois objetivos distintos: primeiro, analisar trabalhadores ou candidatos a emprego para detectar a presença de características geneticamente determinadas que os tornam susceptíveis a um efeito patológico se expostos a algum agente no ambiente laboral; segundo, examinar trabalhadores ou candidatos a emprego para detectar condições hereditárias não associadas à exposição a atmosfera de trabalho, mas que influenciam na execução do contrato de trabalho.

---

(88) Meio ambiente do trabalho é "o local onde as pessoas desempenham suas atividades laborais, sejam remuneradas ou não, cujo equilíbrio está baseado na salubridade do meio e na ausência de agentes que comprometam a incolumidade físico-psíquica dos trabalhadores, independentemente da condição que ostentem (homens ou mulheres, maiores ou menores de idade, celetistas, servidores púlicos, autônomos, etc.)". FIORILLO, Celso Antonio Pacheco. In: MELO, Raimundo Simião de. *Direito ambiental do trabalho e a saúde do trabalhador:* responsabilidades legais, dano material, dano moral, dano estético, perda de uma chance. 2. ed. São Paulo: LTr, [s. d.] p. 24-25.
(89) "Doença ocupacional é aquela peculiar a determinada atividade ou profissão, também chamada de doença profissional típica, tecnopatia ou ergopatia. O exercício de determinada profissão pode produzir ou desencadear certas patologias, sendo que, nessa hipótese, o nexo causal da doença com a atividade é presumido". OLIVEIRA, Sebastião Geraldo de. *Indenização por acidente de trabalho ou doença ocupacional.* 2. ed. São Paulo: LTr, 2009. p. 46.
(90) As doenças ocupacionais também podem ser "causadas por agentes físicos, químicos ou biológicos peculiares a determinadas funções". BRANDÃO, Claudio. *Acidente do trabalho e responsabilidade civil do empregador.* 2. ed. São Paulo: LTr, 2006. p. 158.
(91) Exemplos destas doenças são: silicose, asbestose, dermatite de contato, câncer de pele ocupacional. A Organização Mundial da Saúde (OMS) se refere também a doenças que não são doenças profissionais, mas que estão relacionadas com o trabalho, "como agravos outros que, em adição às doenças profissionais legalmente reconhecidas, ocorrem em trabalhadores quando o ambiente ou as condições de trabalho contribuem significativamente para a ocorrência da doenças, porém em graus variáveis de magnitude". SOUTO, Dafhnis Ferreira. *Saúde no trabalho:* uma revolução em andamento. Rio de Janeiro: Senac Nacional, 2004. p. 79.

3.1.2.1. Seleção genética para características não associadas ao ambiente laboral

O principal exame realizado para detectar traços genéticos não associados à atmosfera de trabalho é o teste pré-sintomático de doenças monogênicas, uma vez que as doenças monogênicas "não são causadas nem influenciadas pelo ambiente laboral, mas levam à incapacidade do trabalhador"[92].

Recorda-se que a doença monogênica é um erro na informação genética carregada por um único gene, sendo o aparecimento dessa enfermidade praticamente certo, pois não depende de outros fatores para que se verifique a mutação em nível fenótipo. Assim, independentemente das interações desse único gene com outros ou com fatores ambientais, é muito provável a manifestação do distúrbio em algum momento da vida da pessoa[93].

Os testes preditivos de doenças monogênicas são realizados em indivíduos assintomáticos, no entanto, especialmente nesses casos de predição, se está praticamente diante de um diagnóstico antecipado de uma doença que ainda não deu sinais. Lembra-se, outrossim, que os testes genéticos preditivos não se confundem com os testes genéticos para confirmação de diagnósticos. Serão preditivos quando realizados antes do aparecimento de qualquer sintoma clínico da doença; de forma contrária, serão de diagnóstico quando utilizados para confirmação de uma enfermidade, cujos sintomas já estão presentes. Desse modo, apesar de o teste de diagnóstico pré-sintomático de doenças monogênicas apresentar tamanho grau de certeza, o seu caráter antecipatório demonstra sua real natureza preditiva, já que realizado em indivíduos assintomáticos e não se sabendo exatamente o momento em que a enfermidade ocorrerá[94].

Apesar das doenças monogênicas não terem relação com a exposição ao ambiente laboral, os empregadores estão interessados em obter os resultados dos testes genéticos para prever o tempo de vida útil dos trabalhadores ou candidatos a emprego. No contexto econômico atual, os empregadores buscam salvaguardar a produtividade e zelar pela recuperação dos investimentos, há o interesse em reduzir os custos de produção e em aumentar a rentabilidade dos investimentos. Para tanto, é necessário evitar fatores como: absentismo do trabalhador, perda de investimento em treinamentos devido a incapacidade prematura do trabalhador e custos com doença, invalidez ou morte[95].

Neste caso, como há uma certeza quase absoluta de que a doença irá se manifestar, sendo apenas uma questão de tempo, o trabalhador terá o dever de revelar

---

(92) ARCHER, Luís. *Da genética à bioética. Op. cit.* p. 192.
(93) ARCHER, Luís. Genética predizente e eugenismo. *Bem da Pessoa e Bem Comum:* um desafio à bioética. Coimbra: C.E.B, 1999. p. 95-96.
(94) THOMPSON, James; THOMPSON, Margaret. *Genética médica. Op. cit.* p. 47.
(95) ARCHER, Luís. *Da genética à bioética. Op. cit.* p. 192.

a informação que detém sobre o seu estado de saúde e/ou a entidade patronal terá o direito de exigir a realização de exames de diagnóstico de doenças monogênicas? É, sem dúvida, uma questão polêmica, pois envolve o exame genético com objetivo de conhecer características dos indivíduos que não estão relacionadas a doenças ou susceptibilidades ao ambiente de trabalho, mas que podem vir a ter reflexo no desenvolvimento do contrato de trabalho.

Duas respostas podem surgir na busca por definir uma posição perante a questão apresentada.

A primeira defende que a boa-fé deve prevalecer como princípio fundamental ao contrato de trabalho, pois quem negocia com outrem para a conclusão de um contrato de trabalho deve, tanto nos preliminares como na formação dele, proceder segundo as regras da boa-fé, sob pena de responder pelos danos culposamente causados. Em obediência a tal princípio, o trabalhador ou candidato a emprego tem o dever de revelar todos os dados sobre a sua saúde presente e futura, desde que essa informação tenha ou possa ter repercussões negativas no emprego[96].

Acrescenta que a entidade patronal tem o direito de exigir ao candidato a emprego ou ao trabalhador a realização ou apresentação de testes ou exames médicos, de qualquer natureza, para comprovação das condições físicas ou psíquicas, quando estes tenham por finalidade a proteção e segurança do trabalhador ou de terceiros ou quando particulares exigências inerentes à atividade os justifiquem. Assim, em certas situações, a restrição dos direitos do trabalhor é justificada pela proteção do direito à saúde. Esses casos de restrição configuram algumas das hipóteses análogas que devem ser consideradas quando do estudo das repercussões da análise do genoma humano no direito laboral[97].

Conclui que os deveres de lealdade e de cooperação, impostos pela necessidade de tutela da boa-fé, constituem uma limitação ao direito à privacidade e, consequentemente, devem circunscrever-se ao mínimo possível. Ressalta, ainda, que, apesar da obrigação de revelar os dados de sua saúde, os trabalhadores ou candidatos a emprego que padeçam de doenças monogênicas têm o direito de trabalhar até o momento em que a manifestação da enfermidade impossibilite a prossecução do trabalho, desde que o desempenho da atividade laboral não ponha em risco a saúde do próprio ou de terceiros[98].

A segunda defende que a prática demonstra que as discriminações laborais ocorrem geralmente na fase pré-contratual e que é necessário desde esse momento salvaguardar os direitos da pessoa[99]. Assim, apesar do dever que o candidato

---

(96) BARBAS, Stela Marcos de Almeida Neves. *Direito do genoma humano. Op. cit.* p. 586.
(97) BARBAS, Stela Marcos de Almeida Neves. *Direito do genoma humano. Op. cit.* p. 589-590.
(98) *Idem.* p. 592.
(99) GOMES, Júlio Manuel Vieira. *Direito do trabalho. Relações individuais de trabalho.* Coimbra: Coimbra Editora, 2007. p. 338. v. I.

a emprego possui de informar sobre os aspectos relevantes para a prestação da atividade laboral, em princípio, não é exigível que ele forneça informações sobre sua vida privada ou saúde. Pontua que, em nome da preservação da reserva da vida privada e da prevenção de práticas discriminatórias, deve-se reconhecer ao candidato a emprego, além do direito ao silêncio, um "direito à mentira" quando confrontado com questões ilegítimas[100].

O interesse do empregador em conhecer a composição genética do trabalhador ou candidato a emprego é compreensível, contudo, deve ser posto apenas num dos pratos da balança, enquanto que no outro se pesam os interesses, igualmente legítimos, dos trabalhadores e da sociedade. Os trabalhadores também possuem direitos nesta questão, como o direito a uma decisão autônoma e ao consentimento informado, o direito a não saber, o direito à saúde, o direito à privacidade, o direito a não ser discriminado com base em características genéticas e o direito ao trabalho, necessários para a realização pessoal, integração no meio social e sobrevivência do trabalhador. Assim, a posição ética, hoje dominante, é a de dar precedência, nestes casos, aos direitos do trabalhador, em contraposição aos direitos do empregador, que só pode inquirir das condições de saúde presentes, e nunca futuras, do candidato a emprego[101].

3.1.2.2. Seleção genética para predisposições associadas ao ambiente laboral

No âmbito do contrato de trabalho, a seleção genética para predisposições relacionadas ao local de trabalho se dá, principalmente, por meio dos testes preditivos ou predizentes, os quais podem detectar genes de susceptibilidade para uma doença dependente da influência de condições ambientais. Tais exames demonstram que a pessoa, por possuir determinados traços genéticos, terá maior predisposição que as demais para desenvolver uma enfermidade comum da vida adulta com preditibilidade de manifestação baixa e dependente de fatores ambientais[102].

Devido à necessidade de conjugação dos fatores genéticos e ambientais, tais doenças são denominadas multifatoriais, e, diferentemente do que ocorre nas enfermidades monogênicas, a probabilidade de manifestação não pode ser estabelecida com precisão, devido à aleatoriedade e a incerteza serem muito elevadas[103].

---

(100) AMADO, João Leal. *Contrato de trabalho*. Coimbra: Coimbra Editora, 2010. p. 180.
(101) ARCHER, Luís. *Da genética à bioética. Op. cit.* p. 193.
(102) *Idem.* p. 183.
(103) LÓPEZ, Raquel Rodríguez. Estúdio de susceptibilidad humana a padecer enfermedades complejas. Análises genéticos en grandes poblaciones. *Revista de Derecho y Genoma Humano*, n. 20, p. 228, 2004.

O fato de as doenças multifatoriais serem influenciáveis por fatores externos permite que o indivíduo se submeta a medidas especiais de prevenção que podem evitar que a enfermidade diagnosticada venha a se revelar. Desse modo, alterações em hábitos de vida, nomeadamente nos que sabidamente atuam sobre a saúde, podem ser fatores determinantes para o surgimento ou não da enfermidade ou, ainda, de sua postergação[104]. Tal realidade também se aplica ao ambiente laboral, onde abster-se do contato com elementos perigosos acarreta a melhoria das condições de saúde.

A seleção genética para predisposições associadas ao ambiente profissional pode ser realizada com o intuito de assegurar a adequada colocação do indivíduo no local de trabalho, ou seja, na medida em que se conhece a propensão de uma pessoa a desenvolver uma doença com origem relacionada à exposição ocupacional, pode-se garantir que ela não tenha contato com o perigo e, assim, não venha a sofrer nenhuma enfermidade. A limitação ao direito do trabalhador se justifica em razão do direito à saúde, desde que a doença esteja diretamente relacionada ao ambiente. Acrescente-se que, mesmo nesses casos, os testes devem ser realizados sempre com o livre consentimento do trabalhador, depois de inteiramente informado. Se o trabalhador recusar submeter-se aos exames, o seu contrato de trabalho não deve ser posto sob ameaça.

Em condições ideais, a seleção genética por características relevantes para a execução do trabalho tem o potencial de ser usada para benefício dos trabalhadores e candidatos a emprego, visto que protege a saúde dos indivíduos geneticamente suscetíveis a certas doenças ocupacionais ao mantê-los longe da exposição prejudicial. Desse modo, a comunidade científica tem se empenhado na discussão e consideração dos potenciais critérios que apoiam o uso dos testes genéticos de seleção para tomada de decisões no âmbito do contrato de trabalho.

O Conselho de Assuntos Éticos e Judiciais da *American Medical Association* propõe que a seleção genética de predisposições seja usada, apenas, se condições específicas forem atendidas, tais como: a doença se desenvolva tão rapidamente que um mal grave e irreversível pode ocorrer antes mesmo que qualquer monitoramento ou verificação do estado de saúde dos trabalhadores expostos à substância tóxica seja eficaz na prevenção do dano; o teste utilizado para seleção genética seja altamente preciso, com sensibilidade e especificidade suficientes para minimizar o risco de falsos negativos e falsos resultados positivos; os dados empíricos demonstrem que a característica genética resulta em uma susceptibilidade invulgarmente elevada para doença ocupacional; a despesa necessária para proteger

---

(104) "Para um grande número de doenças frequentes (cancro, diabetes, doenças cardiovasculares) a sua manifestação resulta da combinação de factores genéticos e ambientais. O que vária, de doença para doença, é a proporção relativa em que esses dois tipos de factores actuam. Sobre os factores ambientais é geralmente possível exercer uma acção que pode transformar a predição em prevenção da doença." ARCHER, Luís. *Da genética à bioética. Op. cit.* p.183.

os trabalhadores susceptíveis seja excessiva em relação aos custos de reduzir o nível da substância tóxica no local de trabalho; o teste não seja realizado sem o consentimento informado do trabalhador ou candidato a emprego[105][106].

Todavia, os riscos de graves danos psicológicos, de estigmatização e de discriminação social e laboral impedem que, mesmo com o estabelecimento de critérios para a utilização, a seleção genética para características associadas a doenças ocupacionais seja vista como recurso aceitável no âmbito do contrato de trabalho. Corrobora a posição contrária à aplicação desses exames o fato de que não existe, atualmente, consenso sobre a validade das provas científicas ou da utilidade dos testes para prever a susceptibilidade de um indivíduo à exposição a fatores de risco na atmosfera laboral[107].

Além disso, a seleção genética pode corromper-se na busca de indivíduos resistentes às doenças ocupacionais, com o objetivo único de poupar as despesas relativas ao melhoramento das condições de segurança e saúde do local de trabalho. "Seria muito injusto tolerar níveis baixos de segurança à custa da exclusão de uma faixa da população trabalhadora."[108]

---

(105) U.S. DEPARTMENT OF HEALTH AND HUMAN SERVICES, Centers for Disease Control and Prevention, National Institute for Occupational Safety and Health. *Genetics in the workplace: implications for occupational safety and health. Op. cit.*, p. 57-58.
(106) Neste sentido, Giuseppe Catalano, "[...] podrían realizarse análises genéticos obligatoris en caso de cumplirse las seguientes condiciones: a) el puesto de trabajo concreto entrañe un peligro considerable para terceros; b) existe un determinado diagnóstico de una alta probabilidad de contraer una enfermedad profesional muy grave al entrar en contacto con el entorno laboral; c) no exista la alternativa de que el empleador mejore las condiciones de seguridade del entorno laboral; d) se ofrezca un puesto de trabajo alternativo al empleado, con la misma categoria y salario y en la misma empresa; e) el incumplimiento de culquiera de essas condiciones sea considerado una infracción penal". CATALANO, Giuseppe. Analisis genetico de los trabajadores italianos: un enfoque jurídico. *El Derecho ante el Proyecto Genoma Humano. Op. cit.* p. 337-338. v. IV.
(107) "At presente, however, exclusionary employment-related policies based on genetic screening for increased risck to workplace hazards are not justified because science has not shown definitive linkage of genes and occupational illness. In addition, no genetic screening test with regard to accupational illness has been validated." U.S. DEPARTMENT OF HEALTH AND HUMAN SERVICES, Centers for Disease Control and Prevention, National Institute for Occupational Safety and Health. *Genetics in the workplace:* implications for occupational safety and health. *Op. cit.* p. 58.
(108) ARCHER, Luís. *Da genética à bioética. Op. cit.* p. 191.

CAPÍTULO 4
INFORMAÇÃO GENÉTICA

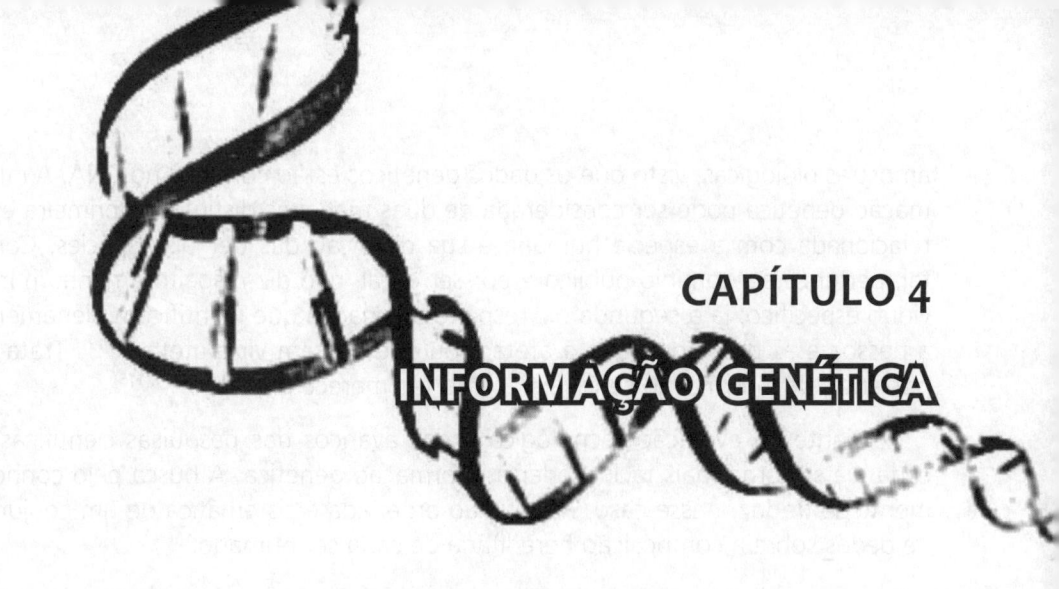

4.1. INFORMAÇÃO GENÉTICA

Atualmente, o controle e a obtenção de informação assumem uma importância crescente no mundo e tornam-se fundamentais, principalmente, no âmbito dos negócios. O aumento da intensidade da concorrência e da complexidade do mercado fazem sentir, no mundo empresarial, a necessidade de obter melhores recursos do que os dos seus concorrentes e de otimizar a sua utilização. A empresa, ao atuar num mundo globalizado, está em estado permanente de necessidade de informação.

A informação pode ser entendida como um processo que visa o conhecimento, ou, de modo simplificado, a reunião de dados que reduz a incerteza, "um instrumento de compreensão do mundo e da ação sobre ele"[109]. Dos tipos de informação, a genética é aquela que versa "sobre características hereditárias de um (ou mais) indivíduos obtida por análise de ácidos nucleicos ou por qualquer outro método científico"[110].

A informação genética[111] diz respeito às sequências gênicas ou características hereditárias de um indivíduo, de uma família, ou de um grupo de pessoas, e pode ser alcançada por meio de estudos de árvore genealógica[112] ou a partir de

---

(109) ZORRINHO, Carlos. *Gestão da informação* — condição para vencer. Coimbra: IAPMEI, 1995. p. 15.
(110) PORTUGAL, Conselho Nacional de Ética para as Ciências da Vida. *Parecer n. 43 sobre o projeto de lei n. 28/ IX, informação genética pessoal e informação de saúde.* 2004. p. 3.
(111) "Esta información es de sumo interés no sólo para el sujeto de quien proviene, es decir, para quien há sido sometido a los análisis genéticos, sino también para terceros, como son, en primer lugar, sus familiares biológicos; pero también para otras personas o entidades, en cuanto se propugne la garantia de un organismo potencialmente sano como presupuesto para participar en ciertas actividades [...]." CASABONA, Carlos María Romeo. *Los genes y sus leyes:* el derecho ante el genoma humano. Bilbao-Granada: Fundación BBVA y Editorial Comares, 2002. p. 10.
(112) A árvore genealógica "reproduz através de esquemas simples, em forma de uma árvore que se vai desdobrando em ramos de filiações, uma cadeia de relações familiares". BARROS, José D'Assunção. *A operação genealógica:* a produção de memória e os Livros de Linhagens medievais portugueses. Mouseion, v. 1, n. 2, p. 144, jul./dez. 2007. "Uma árvore genealógica, ou *pedigree*, é

amostras biológicas, visto que os dados genéticos estão contidos no DNA. A informação genética pode ser considerada de duas maneiras distintas: a primeira está relacionada com a espécie humana e sua distinção das demais espécies. Como tal, pertence ao domínio público e por ser geral, não diz respeito a nenhum indivíduo específico; já a segunda diz respeito aos dados que identificam plenamente a pessoa e as patologias que a afetam ou que possam vir a afetá-la[113]. Trata-se, portanto, de informação sensível e, como tal, merece proteção[114][115].

Diante da evolução tecnológica e dos avanços das pesquisas científicas, a cada dia se torna mais fácil aceder à informação genética. A busca pelo conhecimento se traduz, nesse caso, na reunião ordenada e sistemática de um conjunto de dados sobre a composição hereditária de cada ser humano.

No que diz respeito ao trabalhador, a informação genética constitui um elemento de grande valia, visto que possibilita às entidades patronais investimentos seguros em treinamentos e diminuição de gastos com afastamentos por doença, ou seja, redução de custos. Nesse sentido, os empregadores apresentam grande interesse no conhecimento sobre os aspectos genéticos dos indivíduos com os quais mantêm ou possam vir a manter uma relação contratual de trabalho.

4.2. USO HISTÓRICO DA INFORMAÇÃO GENÉTICA

Antes mesmo da disponibilidade dos atuais testes genéticos, médicos, empregadores, seguradoras e pesquisadores já se interessavam pela informação

---

um esquema que permite seguir a transmissão de certos caracteres numa família ao longo de várias gerações. A análise de uma árvore genealógica reveste-se de uma crucial importância na determinação de origem de certas doenças ou anomalias, permitindo igualmente inferir os riscos da sua transmissão às próximas gerações." LOBO, Diana; AGUIAR, Cristina. *Doenças genéticas humanas*. *Op. cit*. p. 3. Demonstra, assim, o histórico de ancestralidade de uma pessoa ou de uma família, e pode ser um importante meio para se descobrir doenças hereditárias, visto que, através da linhagem, é possível ver quais gerações de famílias estão propensas a certos tipos de doenças.
(113) HAMMERSCHMIDT, Denise. *Intimidade genética & direitos da personalidade*. Curitiba: Juruá, 2007. p. 87.
(114) "Toda informação médica é privilegiada. Ela pertence ao médico e ao paciente. A informação genética tem de ser tratada da mesma maneira." MEDEIROS, Fernando. *Um mar de possibilidades — a medicina no passado, presente e futuro*. São Paulo: Biblioteca 24x7, 2010. p.191. v. 2.
(115) "La información genética es una parte más de la información referida a la persona individualmente considerada y éste es el contexto en el que vamos a enmarcar su estúdio. Si bien los datos relacionados con la salud deben ser especialmente protegidos, es decier, se debe garantizar su confidencialidade, pues revelan informácion que pertence a la esfera de la privacidade más estricta de las personas, esta dimensión de pone especialmente de relieve cuando hablamos de informácion genética, ya que ésta nos proporciona datos que muestran predisposiciones o susceptibilidades, es decir, aspectos que no se han puesto de manifiesto y puede que nunca la hagan, y esto obliga a actuar con especial cautela cuando la revelación, tratamiento o protección de estos datos entra en juego". GALLARDO, Mercedes Vidal. Riesgo genético y discriminación. In: *Revista de Derecho y Genoma Humano — Law and the Human Genome Review*, n. 33, p. 131, 2010.

genética e faziam uso desta. Características como raça, etnia e sexo sempre foram amplamente utilizadas em estudos clínicos e epidemiológicos, bem como na contratação de seguros de vida ou saúde e nas decisões laborais[116].

Há muito os cientistas especulam que os traços genéticos podem predispor alguns trabalhadores a determinadas doenças profissionais. Em 1938, J.B.S. Haldane sugeriu o uso da informação genética para identificar e excluir os trabalhadores susceptíveis a ambientes de trabalho perigosos. Este geneticista propôs separar os trabalhadores de acordo com a sua disposição a riscos ocupacionais. Ressaltava, por exemplo, que os oleiros que apresentassem certas "constituições" que os tornavam susceptíveis a bronquite deveriam ter a entrada no local de trabalho regulada[117].

Na década de 1950, foram relatados os primeiros casos de indivíduos com certas características genéticas que reagiam a agentes químicos ou fármacos. Durante o conflito na Coreia, alguns soldados norte-americanos portadores do gene que causa a deficiência da enzima glicose-6-fosfato desidrogenase (G-6-PD) nas células vermelhas do sangue, ao tomar o medicamento contra a malária, apresentaram hemólise, ou seja, destruição dos glóbulos vermelhos. Pessoas com tal característica são frequentemente encontradas nas regiões com grande incidência de malária, ou possuem origem mediterrânica ou negra. O traço protege contra a malária, mas também pode resultar em hemólise quando ingerem certos alimentos ou drogas, como, no caso, a medicação contra a malária. Os soldados na Coreia que reagiram à medicação, como resultado da deficiência de G-6-PD, foram caracterizados como "susceptíveis"[118].

Acreditava-se, assim, no início dos anos 1960, que os portadores da deficiência G-6-PD também sofreriam de hemólise após a exposição a determinados produtos químicos. Desde então, alguns empregadores deixaram de contratar trabalhadores com essa característica genética. O conceito de susceptibilidade

---

(116) Guilherme de Oliveira chama a atenção para o fato de que "muito antes de ter adquirido um grau de desenvolvimento científico bastante, os empregadores começaram a mostrar interesse em excluir dos seus quadros os empregados ou os candidatos que apresentassem propensão para certas doenças, [...] independentemente de qualquer relação entre a doença e as condições específicas do local de trabalho. E hoje o interesse alarga-se a várias outras doenças genéticas — virtualmente a todas — à medida que se conhecem melhor as circunstâncias ambientais que potenciam sintomas patológicos em portadores de genes defeituosos". OLIVEIRA, Guilherme de. Implicações jurídicas do conhecimento do genoma. *Temas de direito da medicina*. 2. ed. Coimbra: Coimbra Editora, 2005. p. 152.
(117) "The majority of potters do not die of bronchitis. It is quite possible that if we really understood the causation of this disease, we should find that only a fraction of potters are of a constitution, which renders them liable to it. If so, we could eliminate potters' bronchitis by rejecting entrants into the pottery industry who are congenitally disposed to it". HALDANE, J.B.S. *Heredity and Politics*. London: Allen and Unwin, 1938. p. 179–180.
(118) U.S. CONGRESS, Office of Technology Assessment. *Genetic monitoring and screening in the workplace*. Washington, DC: U.S. Government Printing Office, 1990. p. 41.

começava a ser aplicado no âmbito do contrato de trabalho. Além do mais, passou-se a considerar a ideia do uso do exame pré-contratual para detectar o traço nos candidatos a emprego. Uma vez detectada, a susceptibilidade era levada em consideração na atribuição do posto de trabalho.

A partir da década de 1970, o rastreio por susceptibilidades passou a ser proposto para várias condições, incluindo deficiência G-6-PD e doença das células falciformes[119]. Os empregadores utilizaram-se da seleção genética para identificar afro-americanos que carregavam a mutação da anemia falciforme. Para aqueles que apresentavam tal característica era negado emprego, apesar de muitos serem saudáveis e nunca terem desenvolvido a doença. Acrescenta-se que, na maior parte das vezes, o teste para identificar o traço falciforme ocorria sem o consentimento dos indivíduos[120].

Em 1980, a questão da utilização dos testes genéticos no âmbito laboral ganhou destaque, e os governantes começaram a se preocupar com os reflexos dessa prática na sociedade. A ideia de que a exclusão de pessoas do mercado de emprego com base nos resultados dos testes genéticos é discriminatória e contrária ao espírito da segurança e saúde no local de trabalho passou a ser defendida. E salientou-se o dever dos empregadores de proporcionar um ambiente laboral saudável para todos os trabalhadores, ao invés de privá-los de seus meios de subsistência[121].

Assim, no início dessa mesma década, a pedido do Congresso Norte Americano, foram conduzidos os primeiros estudos para identificar o papel dos testes genéticos na prevenção das doenças profissionais, bem como para determinar a maneira e a extensão de como esses exames estavam sendo utilizados no local do trabalho. Constatou-se que a análise genética era praticada por dezessete organizações, entretanto, 59 das organizações entrevistadas manifestaram ter interesse no uso futuro da informação genética de seus trabalhadores e candidatos a emprego[122].

Em 1989, uma pesquisa, com grandes empresas privadas, serviços públicos e sindicatos, indicou que 5% das 330 organizações entrevistadas realizavam a mo-

---

(119) A anemia falciforme é uma doença hemolítica, crônica e geneticamente transmitida. Não é uma doença rara, é um problema de saúde pública significativo onde quer que haja uma substancial população negra. A sua incidência entre negros é de cerca 4 por 1000. A característica principal da anemia falciforme é a deformação que causa na membrana dos glóbulos vermelhos do sangue. Isto é, quando diminui o oxigênio na circulação, os glóbulos vermelhos podem ficar com a forma de meia lua ou foice, fato que obstrui a circulação sanguínea. LOBO, Diana; AGUIAR, Cristina. *Doenças genéticas humanas. Op. cit.* p.12.
(120) U.S. CONGRESS, Office of Technology Assessment. *Genetic monitoring and screening in the workplace. Op. cit.* p.41.
(121) U.S. DEPARTMENT OF HEALTH AND HUMAN SERVICES, Centers for Disease Control and Prevention, National Institute for Occupational Safety and Health. *Genetics in the workplace:* implications for occupational safety and health. *Op. cit.* p.55.
(122) *Idem, ibidem.*

nitorização ou a seleção genética dos seus trabalhadores. No mesmo ano, outro relatório, empreendido pela *Northwestern National Life Insurance* com quatrocentas empresas, constatou que 15% delas planejavam, até ao ano de 2000, verificar o *status* genético dos potenciais empregados e de seus dependentes antes de fazer os contratos de trabalho[123].

No ano de 1999, a *American Management Association* realizou uma nova pesquisa sobre o uso dos exames de saúde no local de trabalho e constatou que 74%, das 1.054 empresas exigiam testes médicos dos trabalhadores ou dos recém-contratados. Além disso, a pesquisa determinou a frequência e os tipos de testes genéticos utilizados na contratação e organização da força de trabalho nas empresas, bem como a forma que os resultados foram utilizados: 6,7% para contratar candidatos; 7,3% para atribuir ou reatribuir cargos aos trabalhadores; 1,7% para manter ou demitir trabalhadores; 10,3% para outras circunstâncias[124].

Em 2004, a mesma entidade repetiu a pesquisa e descobriu que 63% das 503 empresas pesquisadas pediam algum tipo de teste, que incluíam: verificação para a doença de Huntington[125], o histórico médico da família e a susceptibilidade a riscos no local de trabalho. As empresas, neste segundo levantamento, indicaram que os resultados dessas análises eram empregados da seguinte forma: 12,9% para contratar candidatos a emprego; 8,4% para ceder ou transferir empregados; e 4,8% para manter ou demitir funcionários[126].

---

(123) NATIONAL HUMAN GENOME RESEARCH INSTITUITE, National Institutes of Health. *Genetic information and the workplace*. Disponível em: <http://www.genome.gov/10001732>. Acesso em: 22 mar. 2012.
(124) U.S. DEPARTMENT OF HEALTH AND HUMAN SERVICES, Centers for Disease Control and Prevention, National Institute for Occupational Safety and Health. *Genetics in the workplace:* implications for occupational safety and health. *Op. cit.* p.56.
(125) A doença de Huntington (DH) é uma desordem hereditária do cérebro que afeta pessoas de todas as raças em todo mundo. Recebeu o nome do Dr. George Huntington, médico de Long Island (EUA), que publicou uma descrição do que ele chamou "coreia hereditária", em 1872. Até bem recentemente, pouco era conhecido ou publicado sobre a DH. Entretanto, em 1993, os cientistas encontraram o gene que causa a DH, e avanços importantes fluíram a partir dessa importante descoberta. A DH é uma doença degenerativa cujos sintomas são causados pela perda marcante de células em uma parte do cérebro denominada gânglios da base. Este dano afeta a capacidade cognitiva (pensamento, julgamento, memória), movimentos e equilíbrio emocional. Os sintomas aparecem gradualmente, em geral nos meados da vida, entre as idades de 30 e 50 anos. Entretanto, a doença pode atingir desde crianças pequenas até idosos. ASSOCIAÇÃO BRASIL HUNTINGTON (ABH). Disponível em: <http://www.abh.org.br/oquee_huntington.htm>. Acesso em: 1º maio 2012.
(126) U.S. DEPARTMENT OF HEALTH AND HUMAN SERVICES, Centers for Disease Control and Prevention, National Institute for Occupational Safety and Health. *Genetics in the workplace:* implications for occupational safety and health. *Op. cit.* p.56.

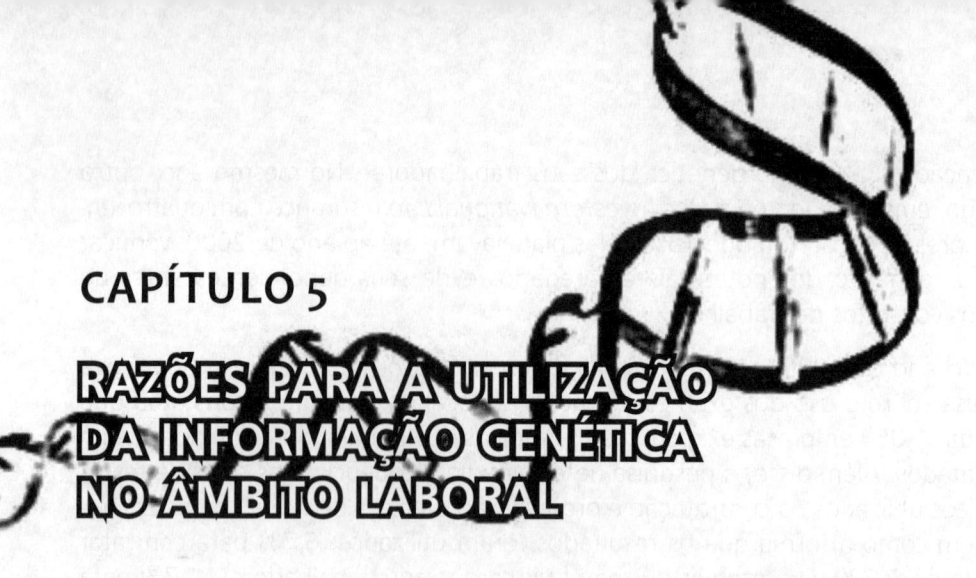

CAPÍTULO 5
RAZÕES PARA A UTILIZAÇÃO DA INFORMAÇÃO GENÉTICA NO ÂMBITO LABORAL

5.1. RAZÕES PARA A UTILIZAÇÃO DA INFORMAÇÃO GENÉTICA NO ÂMBITO LABORAL

Com a evolução científica e a ampliação da utilização dos testes genéticos no âmbito do contrato de trabalho, questões éticas e jurídicas foram suscitadas, e algumas razões são apresentadas para justificar a utilização da informação genética na relação de emprego. Os argumentos podem ser separados pelo interesse de cada uma das partes envolvidas — entidade patronal, trabalhadores, terceiros e sociedade — em aceder aos dados sobre as características hereditárias da pessoa que labora.

Os interesses do empregador estão focados em assegurar que o trabalhador esteja em boas condições de saúde para realizar os seus deveres, prevenir faltas e suas correlativas consequências, evitar encargos que se venham a demonstrar inúteis na especialização do trabalhador e limitar as despesas de saúde e subsídios de invalidez ou morte[127], enquanto o interesse do trabalhador reside, particularmente, na proteção da sua saúde de forma geral, e em impedir que as predisposições genéticas sejam agravadas pelas condições específicas da sua atividade profissional[128]. No que diz respeito ao interesse de terceiros, este está em reduzir o risco de danos provocados a companheiros de trabalho ou utilizadores dos produtos ou serviços da empresa causados por acidentes de trabalho decorrentes do estado de saúde do trabalhador. Por último, o interesse da sociedade se justifica em assegurar adequada prevenção e proteção no campo da saúde ao nível laboral[129].

---

(127) AZOFRA, María Jorqui. Consideraciones éticas sobre la prática de los 'test genético'. Espacial consideración al contexto laboral. In: MORÁN, Narciso Martínez (coord.). *Biotecnológia, derecho y dignidad humana*. Comares: Editorial Comares, 2003. p. 343.
(128) AZOFRA, María Jorqui. *Op. cit.* p. 346.
(129) *Idem, ibidem*.

Com efeito, tanto entidade patronal e trabalhador quanto terceiros e sociedade possuem interesses na informação genética, visto que, em princípio, aceder a tal conjunto de dados pode trazer vantagens. Todavia, esses possíveis benefícios não deixam de suscitar inúmeras questões. Faz-se, então, necessária a análise detalhada de cada argumento e a verificação de sua validade perante os ditames éticos, jurídicos e sociais.

5.1.1. Interesse da entidade patronal

O interesse da entidade patronal em conhecer o genoma do trabalhador ou do candidato a emprego tem como finalidade evitar indenizações, reduzir os encargos financeiros, impedir que o ambiente de trabalho seja o responsável pelo agravamento de uma predisposição genética, justificar determinadas discriminações no momento da seleção, proceder a transferências que tenham como objetivo reduzir os custos e aumentar a produtividade, e além disso, ter a possibilidade de proceder à remoção do trabalhador para outro local, caso a doença se agrave com o ambiente de trabalho.

Na visão do empregador, o acesso à informação genética do trabalhador ou candidato a emprego é de grande importância, porquanto, permite a realização de um prognóstico relativamente seguro sobre a saúde futura do indivíduo com quem estabelece o vínculo laboral, facultando uma seleção mais segura e uma melhor gestão da mão de obra na empresa. Os gastos com treino e formação profissionais serão dirigidos somente aos trabalhadores que, provavelmente, terão uma vida produtiva "normal" no emprego. Em outras palavras, aqueles indivíduos para os quais pode se prever uma incapacidade precocemente não irão gozar de qualquer investimento com treinamento e desenvolvimento profissional, possibilitando-se a minimização dos riscos patronais com gastos. O estudo das predisposições genéticas serve, neste caso, como uma espécie de assessoria ao empregador nas suas decisões de contratar ou não um determinado trabalhador, certificando-se sobre quais são os indivíduos "rentáveis" e quais os "não rentáveis"[130].

No atual cenário de mercado[131], cada vez mais globalizado e competitivo, é compreensível o interesse das empresas em evitar os encargos provenientes de

---

(130) MIRALLES, Angela Aparisi. *El proyecto genoma humano:* algunas reflexiones sobre sus relaciones con el derecho. Valencia: Tirant lo Blanch, 1997. p. 149.
(131) Alain Supiot ensina que "[...] o mercado não é um estado de natureza, mas um dispositivo institucional de colocação em concorrência, permitindo a afecção mais justa possível dos recurso. Por outras palavras, o mercado é um instrumento de realização da justiça na produção e na repartição dos bens materiais. Não é, portanto, nem um fim em si mesmo, nem um princípio geral de organização da sociedade, mas inscreve-se num estado de direito que, ao mesmo tempo, o fundamenta e o limita". SUPIOT, Alain. O direito do trabalho ao desbarato no mercado de norma. In: *Questões Laborais,* ano XII, n. 26, p. 133, 2005. Sobre a "lei do mercado", salienta João Leal Amado sobre a importância do Direito do Trabalho no estabelecimento de fronteiras às intensões das empresas. "É certo que, desde de sempre, o papel do Direito do Trabalho tem consistido em colocar limites ao livre jogo do mercado, em estabelecer as regras a que este deve obedecer (como alguém disse, o mercado não pode ser livre senão dentro das margens legais)." AMADO, João Leal. *Contrato de Trabalho. Op. cit.* p. 179.

despesas por doenças dos trabalhadores, sejam esses custos determinados por lei ou oriundos da contratação coletiva. O conhecimento do patrimônio genético do trabalhador ou do candidato a emprego é instrumento capaz de possibilitar essa redução, fato que o torna tão atraente aos olhos das entidades patronais.

No entanto, dar ao empregador a possibilidade de conhecer o genoma humano é revesti-lo de poderes demasiadamente amplos. Pois entende-se que as preocupações de produtividade e competitividade guiarão sempre sua conduta, e o desrespeito pela dignidade da pessoa humana e a prática de discriminações serão constantes no âmbito das relações laborais. Tal afirmação se baseia na simples verificação do que já ocorre atualmente sem a inclusão da informação genética. Ora, o mercado de trabalho é naturalmente cruel e seletista e o acréscimo de meios para potencializar tais práticas não parece aceitável.

O risco empresarial deve ser assumido pelo empregador e a incerteza quanto à evolução do futuro estado de saúde do trabalhador também faz parte desse conjunto. É inteligível que as entidades patronais almejem minimizar os riscos e reduzir os custos envolvidos na produção, mas tais objetivos terão de ceder face aos direitos fundamentais de que o trabalhador e o candidato a emprego são titulares.

5.1.2. Interesse do trabalhador

O segundo interesse em jogo é o do trabalhador, que tem a faculdade de optar por utilizar seus dados genéticos em benefício próprio, para escolher uma carreira, emprego, ou nomeadamente evitar doenças causadas por um determinado ambiente de trabalho. As aptidões, ou falta delas, podem ajudá-lo a ter preferência num emprego, ser promovido, ser transferido para um lugar pretendido, entre outras opções[132].

Invoca-se, então, em defesa dos testes genéticos no âmbito da relação de trabalho, a proposição de sua viabilidade para uma eficaz proteção da saúde do indivíduo, conquanto os benefícios que podem trazer ao trabalhador ou candidato a emprego que os realiza. As análises são, para este argumento, uma importante fonte de informações sobre as susceptibilidades genéticas, que, por meio de seu conhecimento, permitem a execução das prestações laborais em um ambiente mais seguro.

Neste diapasão, os testes genéticos têm, pois, uma componente protetora, e é de se admitir que alguns indivíduos desejem sujeitar-se àqueles por essa razão[133]. A realização desses exames propicia a proteção da saúde do trabalhador que, conhecendo sua susceptibilidade a determinados fatores presentes na atmosfera da

---

(132) BARBAS, Stela Marcos de Almeida Neves. *Direito do genoma humano. Op. cit.* p. 575.
(133) GOMES, Júlio Manuel Vieira. *Direito do trabalho. Op. cit.* p. 347.

empresa, pode evitar o contato e resguardar seu bem-estar. O posicionamento de uma pessoa em certo posto de trabalho, tendo em conta o fator de sua predisposição genética, pode favorecer os interesses do próprio indivíduo examinado, na medida em que poderá ser protegido contra agentes que possam pôr em perigo sua saúde[134].

De acordo com o interesse particular do trabalhador, os testes genéticos devem ser feitos unicamente para proteger sua saúde, verificando os riscos quando exposto a certas condições de trabalho que lhe possam aumentar as possibilidades de desenvolver uma enfermidade, caso possua uma predisposição para tal[135]. A conveniência da realização dos exames está estabelecida no benefício gerado ao indivíduo que labora e não no interesse econômico da empresa.

Certamente o trabalhador "goza de um direito à saúde, mas já é duvidoso que recaia sobre ele um qualquer 'dever de saúde'"[136]. Não está, o trabalhador ou mesmo o candidato a emprego adstrito a efetuar os testes genéticos com o intuito de proteger seu bem-estar físico, assumindo que possíveis danos possam ocorrer a sua saúde. Não é admissível uma imposição à realização dos testes, pois a saúde é um direito pessoal e não um dever. Tal fato faz com que o tema esteja dentro do espaço de autonomia da pessoa, no qual o direito somente poderá intervir para proteger as opções individuais do trabalhador e não para criar uma ameaça a essa liberdade.

Acrescenta-se, ainda, que o resultado dos exames genéticos pode trazer grandes inquietações para o indivíduo e sua família, pois o conhecimento de uma predisposição para uma doença possui o condão de gerar danos psicológicos a certas pessoas, muitas vezes, maiores que aqueles da própria enfermidade relatada, fato que vai de encontro com a alegação de que tais exames proporcionam benefícios à saúde.

A proteção da saúde dos trabalhadores deve ser considerada uma obrigação para os empregadores, os quais possuem a responsabilidade de adotar todo tipo de mecanismo de defesa de que a ciência e a tecnologia disponham para melhorar a qualidade do ambiente de trabalho de seus empregados. Tal objetivo pode realizar-se sem o acesso à informação genética, a qual permanecerá protegida para evitar qualquer efeito prejudicial à pessoa[137].

---

(134) WIESE, Günther. Implicaciones del conocimiento genético en las relaciones laborales. *El Derecho ante el Proyecto Genoma Humano*. Bilbao: Fundación BBV, 1994. p. 263. v. IV
(135) DÍAS-FLORES, Mercedes Alberruche. *La Clonación y selección de sexo:* derecho genético? Madrid: Dykinson, 1998. p. 116.
(136) AMADO, João Leal. Breve apontamento sobre a incidência da revolução genética no domínio juslaboral e a Lei n. 12/2005, de 26 de janeiro. *Questões Laborais*, Coimbra, n. 25, p.115, 2005.
(137) CATALANO, Giuseppe. Analisis genetico de los trabajadores italianos: un enfoque jurídico. *El Derecho ante el Proyecto Genoma Humano. Op. cit.* p. 339.

5.1.3. Interesse de terceiros

O próximo interesse diz respeito a aceder às informações sobre o genoma do trabalhador a fim de evitar os riscos a terceiros resultantes da atividade desempenhada por uma pessoa potencialmente inapta, ou mesmo, perigosa, em virtude dos seus caracteres genéticos, visto que, em certos empregos, a segurança de terceiros depende não só da perícia do trabalhador, como, ainda, do seu estado de saúde[138].

Propõe-se, assim, a utilização de testes genéticos em razão da imperiosa necessidade de tutela da saúde e segurança de terceiros, com detaque para os clientes da empresa, utentes do serviço, companheiros de trabalho e demais possíveis afetados por uma falha na execução da tarefa pela pessoa que labora. Tal argumento, faz referência àqueles postos de trabalho sensíveis em termos de segurança, como é o caso dos pilotos de avião, dos motoristas de transporte público, dos agentes de segurança de instalações perigosas, como usinas nuclear, entre outros[139].

Procura-se evitar acidentes de trabalho nos quais outros indivíduos são vítimas em função de deficiente prestação do serviço devido a doença do trabalhador no exercício de uma função perigosa. Nesses casos, candidatos que apresentam propensão a doenças degenerativas, por exemplo, Huntington ou Alzheimer[140], estão, desde logo, excluídos, pois colocam em risco a saúde e segurança das pessoas com as quais tem relação o desempenho da função laboral.

Com o devido discernimento, Bernardo Xavier admite que os testes genéticos podem ter um papel positivo na segurança do trabalho quando estão indicados à eliminação dos riscos de determinadas atividades a terceiros. Contudo, ressalta que tais testes não devem ser utilizados em atividades cujos riscos podem ser diminuídos pela aplicação das normas necessárias de segurança e saúde no trabalho. Assim, quando não se podem excluir todas as situações de risco com recurso a técnicas preventivas é que será, por fim, "admissível a despistagem por testes genéticos para proteção da saúde e segurança do trabalhador e de terceiros"[141].

---

(138) BARBAS, Stela Marcos de Almeida Neves. *Direito do genoma humano. Op. cit.* p. 575.
(139) GOMES, Júlio Manuel Vieira. *Direito do trabalho. Op. cit.* p. 347.
(140) A doença de Alzheimer é uma enfermidade neurodegenerativa que se caracteriza pela morte neural em determinadas partes do cérebro. Trata-se de um tipo de demência que provoca uma deterioração global, progressiva e irreversível de diversas funções cognitivas, entre elas. memória, atenção, concentração, linguagem e pensamento. Esta deterioração tem como consequência alterações no comportamento, na personalidade e na capacidade funcional da pessoa, dificultando a realização das atividades de vida diária. Cerca de uma em cada vinte pessoas acima dos 65 anos e uma em cada cinco pessoas acima dos 80 anos sofrem de demência, sendo a doença de Alhzeimer responsável por cerca de metade dos casos. Num número bastante reduzido de famílias, tal problema é causado por um problema genético hereditário, conhecido como doença de Alzheimer famíliar. LOBO, Diana; AGUIAR, Cristina. *Doenças genéticas humanas. Op. cit.* p. 52-53.
(141) XAVIER, Bernardo da Gama Lobo. O acesso à informação genética. O caso particular das entidades empregadoras. *Revista de direito e de estudos sociais*, Lisboa, ns. 3 e 4, p. 38-39, 2003.

De fato, o empregador tem a obrigação de garantir a segurança e a saúde na empresa, mas isto não é um argumento por si só válido para justificar o uso arbitrário da análise genética[142]. Sempre há o perigo de generalizar demasiadamente o princípio da proteção da saúde e segurança de terceiros e tornar frequente o recurso à seleção genética, mesmo quando não seja justificado[143]. O perigo de generalização do recurso aos testes genéticos, com a desculpa de utilização em atividades cuja má execução laboral possa trazer risco para outras pessoas, é evidente.

A sociedade atual assume novos riscos[144] frequentemente, como os advindos das formas de transportes, da geração de energia, do processo produtivo etc., de maneira que, o mero risco, em contraponto às possibilidades de discriminação e de estigmatização social e aos custos delas resultantes, não justifica a admissibilidade da utilização dos testes genéticos e a publicitação da informação genética individual.

5.1.4. Interesse da sociedade

Por último, argumenta-se que a sociedade tem o interesse geral em assegurar adequada prevenção e proteção no campo da saúde laboral, para tanto, os exames genéticos serão utilizados com a finalidade de reduzir a incidência de doenças ocupacionais e impedir que o ambiente de trabalho tenha repercussões negativas na saúde do indivíduo, seja iniciando um dano ao seu material genético ou agravando uma predisposição genética.

Considera-se que a partir do momento em que o indivíduo sofre um mal no trabalho e passa a ser mantido pelo Estado, o custo para toda a sociedade aumenta, bem como impede a distribuição das atenções estatais àqueles outros aspectos

---

(142) BENGOECHEA, Juan A. Sagardoy. *Los derechos fundamentales y el contrato de trabajo*. Navarra: Civitas, 2005. p. 86-87.
(143) Neste caso, testes genéticos predizentes (por exemplo, detectando um gene que predispõe um piloto de avião a um súbito ataque cardíaco em condições de variação da pressão de oxigênio) podem ajudar a prevenir sérios acidentes e são eticamente justificados. No entanto, há o perigo de excessivamente generalizar este princípio e usar testes predizentes com frequência injustificada. Por exemplo, não há razões éticas que justifiquem a exclusão de uma pessoa portadora do gene da doença de Huntington de ser piloto enquanto a doença não se manifestar. ARCHER, Luís. *Da genética à bioética*. Op. cit. p.191
(144) A atual sociedade já é conhecida como sociedade de risco, por não ser possível prever em termos estatísticos fiáveis sobre o volume e impacto dos riscos na vida moderna. "Os riscos e os acidentes passam a estar claramente dependentes das acções tanto dos indivíduos como de forças sociais de âmbito mais vasto, quer sejam perigos no trabalho devido às máquinas e venenos, quer os perigos do desemprego e penúria ocasionados pela dinâmica incerta do ciclo econômico e da transformação da estrutura econômica." GOLDBLATT, David. *Teoria social e ambiente*. Lisboa: Instituto Piaget, 1996. p. 233.

da vida social que necessitam de recursos para o desenvolvimento, por exemplo, educação, segurança, lazer e saúde de modo geral.

No entanto, proporcionar um ambiente de trabalho saudável e seguro é da responsabilidade da entidade patronal[145], e o recurso aos testes genéticos não exime, de modo algum, o empregador de sua obrigação de promovê-lo. Desse modo, o empregador tem o dever de minimizar o potencial risco de doença ou dano físico no local de trabalho fornecendo o ambiente de trabalho mais seguro possível. Caso os empregadores possam fazer uso do exame genético para identificar indivíduos mais susceptíveis, provavelmente passarão a considerar mais conveniente dispensar ou realocar os trabalhadores, em vez de eliminar os riscos no local de trabalho.

Esta perspectiva demonstra que, para atingir o objetivo de proporcionar segurança e saúde no local de trabalho, deve-se focar em regulamentar e fiscalizar as obrigações do empregador em fornecer um ambiente laboral adequado à realização das atividades da empresa. O recurso aos testes genéticos não é capaz de realizar o fim de promoção da saúde tão almejado pela sociedade, e deve sempre ser ponderado face aos direitos de todo o ser humano à privacidade, ao trabalho e à não discriminação em função do seu genoma.

---

(145) "A ordem jurídica trabalhista atribuiu ao empregador a responsabilidade exclusiva pelo ônus decorrente da atividade econômica desenvolvida e pelos contratos de trabalho celebrados." VILLELA, Fábio Goulart. *Manual de direito do trabalho:* teoria e questões. Rio de Janeiro: Elsevier, 2010. p. 57.

CAPÍTULO 6
NORMATIZAÇÃO DA UTILIZAÇÃO DA INFORMAÇÃO GENÉTICA

6.1. PREVISÃO LEGISLATIVA SOBRE A UTILIZAÇÃO DA INFORMAÇÃO GENÉTICA NO ÂMBITO LABORAL

De uma maneira geral, sempre foi prática corrente as entidades patronais exigirem que o candidato a emprego ou o trabalhador empregado se submetesse a exames médicos para averiguar se reúne as condições físicas necessárias para o posto de trabalho. Contudo, a especificidade da análise do genoma humano permite não só diagnosticar o estado de saúde atual, como também prever a saúde futura, com as consequências que daí poderão advir. A decisão final do empregador terá por base, não uma incapacidade presente, mas uma mera predição de doenças futuras.

Qualquer legislação laboral relativa ao acesso ao genoma humano poderá sempre optar por uma de entre três posições distintas. A primeira, sustenta que o genoma humano é algo estritamente privado e, como tal, só deve ser usado em benefício próprio. A segunda, diametralmente oposta, defende que os elementos obtidos sobre o genoma humano pertencem à sociedade como um todo, podendo ser usados em benefício desta. Já a terceira, propõe uma posição eclética, sem radicalismos, considerando os dois interesses[146].

---

(146) Entende-se que a posição mais correta, tendo em vista a proteção dos direitos fundamentais da pessoa, é a que sustenta que o genoma humano é algo estritamente privado e, como tal, só deve ser usado em benefício próprio. Pois a preservação da dignidade do ser humano frente às ameaças advindas dos avanços da ciência e tecnologia no campo da genética passa necessariamente pela total proteção do patrimônio genético. Em sentido da adoção de uma posição eclética, Stela Barbas defende: "Esta última atitude parece-me a mais correcta. Com efeito, a informação sobre o genoma não deve ser do domínio exclusivo do indivíduo nem, pelo contrário, pertença total da sociedade. Seria esquecer que esses dados podem ter repercussões positivas ou negativas no próprio, em terceiros e na sociedade na sua totalidade. É, portanto, necessário harmonizar os interesses das partes envolvidas, utilizando a informação recolhida, de modo justo e racional, consoante as circunstâncias". BARBAS; Stela Marcos de Almeida Neves. *Direito do genoma humano*. Op. cit. p. 577.

Tendo em vista as possíveis orientações legislativas, parte-se para a verificação e análise dos diplomas normativos internacionais e nacionais sobre a utilização da informação genética.

6.1.1. Quadro Normativo Internacional

Assim como a ciência genética evoluiu, os textos jurídicos também acompanharam, dentro do possível, essa trajetória, visto que a pesquisa médica traz novidades muitas vezes acima da capacidade legislativa de qualquer organismo internacional ou poder legislativo de um país. No contexto internacional, tratados e declarações e outros instrumentos normativos tentam dar o rumo, principalmente ético, para a nacionalização de princípios e normas que regulamentam a aplicação das descobertas genéticas.

São vários os diplomas legislativos que dão fundamentação ao direito à intimidade genética e proíbem a discriminação em função do patrimônio genético. Faz-se, assim, uma análise cronológica dos principais documentos que tratam do assunto.

A Resolução sobre os Problemas Éticos e Jurídicos da Manipulação Genética, adotada pelo Parlamento Europeu em 16 de março de 1989, prevê que deve ser proibida juridicamente a seleção de trabalhadores com base em critérios genéticos, e solicita que os exames genéticos de trabalhadores não sejam permitidos antes da sua contratação e só devam ser efetuados com carácter voluntário, acrescentando-se ainda que apenas os interessados devem ter acesso aos resultados desses exames, e as violações, punidas penalmente[147].

---

(147) "As regards genorne analysis on employees: 13. Emphasizes that the weeding-out of individual workers with a predisposition to illness must never be the alternative to the im provement of the working environment; 14. Calls for a statutory ban on the selection of workers on the basis of genetic criteria; 15. Calls for a ban on the general use of genetic analysis for mass examinaticns of employees; 16. Demands that genetic examinations of workers for the purposes of occupational medicine must not be permitted before they take up jobs and may be carried out only with their consent and with reference to their current state of health and the potential risks to their health inherent in their working in a specific place and be carried out by a doctor of their choice but not by a works doctor. The results of such examinations may only be made available to the individual concerned and may be passed on only by that individual. Any infringements of the right to obtain information are subject to prosecution; 17. Emphasizes that the worker concemed is entitled to be given detailed information and advice about the proposed analysis and the implications of the results before they are carried out and to refuse at any time and without giving any reasons, to allow genetic tests to be carried out, without having to anticipate any positive or negative consequences from such refusal; 18. Demands that genetic data on workers may not be stored and must be protected by special measures from abuse by third parties." THE EUROPEAN PARLIAMENT. *Resolution on the ethical and legal problems of genetic engineering*. Disponível em: <http://www.codex.vr.se/texts/EP-genetic.html>. Acesso em: 09 abr. 2012.

Na mesma linha, em recomendação de 1991, o Comitê de Ética Francês proibiu que terceiros, em especial seguradoras e empregadores, tivessem acesso a registro de informações genéticas dos segurados ou trabalhadores[148].

A seguir, a Reunião Internacional sobre Direito ante o Projeto Genoma Humano deu origem à Declaração de Bilbao de 1993, a qual fixou as seguintes premissas: a intimidade pessoal genética é patrimônio de cada pessoa; e a impossibilidade de utilização de dados genéticos que originem qualquer discriminação no âmbito laboral, de seguro ou qualquer outro[149].

A Convenção sobre os Direitos do Homem e a Biomedicina, de 4 de abril de 1997, estabelece como seu objeto e finalidade o dever dos Estados de proteger o ser humano na sua dignidade e identidade[150] e de assegurar a todas as pessoas, sem discriminação, o respeito pela sua integridade, bem como pelos seus direitos e liberdades fundamentais face às aplicações decorrentes da Biologia e da Medicina. A seguir, proíbe toda e qualquer forma de discriminação da pessoa em razão do seu patrimônio genético e veta a realização de testes preditivos de doenças genéticas ou que permitam quer a identificação do indivíduo como portador de um gene responsável por uma doença, quer a detecção de uma predisposição ou de uma susceptibilidade genética a uma doença, salvo para fins médicos ou de investigação médica e sem prejuízo de um aconselhamento genético apropriado[151].

---

(148) "It should be prohibited for any third party, particularly employers or insurance companies, not only to have access to the information contained in a register, therefore in a DNA bank, which is already implied by the above rules, but also to ask the subject to supply information about himself, contained in the DNA bank" COMITÉ CONSULTATIF NATIONAL D'ETHIQUE. *Opinion regarding the application of genetic testing to individual studies, family studies and population studies. (Problems related to DNA "banks", cell "banks" and computerisation).* N. 25, de 24 de junho de 1991. Disponível em: <http://www.ccne-ethique.fr/docs/en/avis025.pdf>. Acesso em: 09 abr. 2012.
(149) "The participants noted a great number of legal problems which will need to be address as the Human Genome Project proceeds. Without in any way purporting to exhaust the subjects discussed, the following may be cited by way of illustrations: the protection of the confidentiality of every individual's genetic information and provision of appropriate exceptions; the limitation of genetic testing in the employment setting and provision for the implications of genetic knowledge in labour relations". INTERNATIONAL WORKSHOP ON THE HUMAN GENOME PROJECT LEGAL ASPECTS. *The Declaration of Bilbao and Conclusions.*Disponível em: <http://www.michaelkirby.com.au/images/stories/speeches/1990s/vol29/1010-Fundacion_BBV_-_Closing_Statement_-_The_Declaration_of_Bilbao_and_Conclusions.pdf>. Acesso em: 08 abr. 2012.
(150) *"It was soon decided that the concept of dignity, identity and integrity of human being/individuals should be both the basis and the umbrella for all other principles and notions that were to be included in the Convention."* NIEUWENKAMP, Johanna Kits. The Convention on Human Rights and Biomedicine." In: RENDTORFF, Jacob Dahl (ed.) *Basic Ethical Principles in European Bioethics and Biolaw.* Vol.II, Partners' Research.Barcelona: Centre for Ethics and Law, 2000. p. 327.
(151) Art. 11º, "É proibida toda a forma de discriminação contra uma pessoa em virtude do seu património genético". Art. 12, "Não se poderá proceder a testes preditivos de doenças genéticas ou que permitam quer a identificação do indivíduo como portador de um gene responsável por uma doença quer a detecção de uma predisposição ou de uma susceptibilidade genética a uma doença, salvo para fins médicos ou de investigação médica e sem prejuízo de um aconselhamento genético

As discussões envolvendo o genoma humano atingem grande amplitude e elevada relevância no contexto mundial e ensejaram a Declaração Universal sobre o Genoma Humano e os Direitos do Homem de 11 de novembro de 1997[152]. Tal Declaração prescreve que a cada indivíduo deve ser assegurado o respeito da sua dignidade e dos seus direitos, quaisquer que sejam as suas características genéticas, e que tal dignidade exige não reduzir os indivíduos à sua composição genética e respeitar suas singularidades. Além disso, proíbe a discriminação com base nos traços hereditários[153].

A Declaração Ibero-Latino-Americana sobre Ética Genética segue o entendimento da Declaração Universal sobre o Genoma Humano e Direitos do Homem e estabelece os princípios éticos que devem guiar as ações da genética médica quanto ao direito à intimidade genética da pessoa. Assim, a informação genética individual é privativa do indivíduo do qual provém e não pode ser revelada a terceiros sem o consentimento expresso daquele[154].

A Carta dos Direitos Fundamentais da União Europeia, aprovada em Nice no dia 7 de dezembro de 2000, ressalta o respeito ao direito à integridade do ser humano e veda as práticas eugênicas, nomeadamente as que têm por fim a seleção

---

apropriado". CONSELHO DA EUROPA. *Convenção para a proteção dos direitos do homem e da dignidade do ser humano face às aplicações da biologia e da medicina: Convenção sobre os Direitos do Homem e a Biomedicina*. Disponível em: <http://dre.pt/pdf1sdip/2001/01/002A00/00140036.pdf>. Acesso em: 09 abr. 2012.
(152) "O receio de que o conceito biológico de raça possa ser ressuscitado pelo sequenciamento genético e instrumentalizado por velhas e novas práticas discriminatórias (imagine-se, por exemplo, a discriminação genética no campo do trabalho ou propostas de eugenia pré-natal) levou à proclamação da Declaração [...]." SILVEIRA, Fabiano Augusto Martins. *Da criminalização do racismo*: aspectos jurídicos e sociocriminológicos. Belo Horizonte: Del Rey, 2006. p. 81.
(153) Art. 2, "a) Toda pessoa tem o direito de respeito a sua dignidade e seus direitos, independentemente de suas características genéticas. b) Essa dignidade torna imperativo que nenhuma pessoa seja reduzida a suas características genéticas e que sua singularidade e diversidade sejam respeitadas". Art. 6, "Nenhum indivíduo deve ser submetido a discriminação com base em características genéticas, que vise violar ou que tenha como efeito a violação de direitos humanos, de liberdades fundamentais e da dignidade humana". UNESCO. *Declaração universal sobre o genoma humano e direitos do homem. Op. cit.*
(154) Os participantes nos Encontros sobre Bioética e Genética de Manzanillo (1996) e de Buenos Aires (1998), procedentes de diversos países da Ibero-América e da Espanha, e de diferentes disciplinas relacionadas com a Bioética, declararam a adesão aos valores e princípios proclamados tanto na Declaração Universal sobre o Genoma Humano e os Direitos Humanos da UNESCO como no Convênio sobre Direitos Humanos e Biomedicina do Conselho da Europa, enquanto constituem um importante primeiro passo para a proteção do ser humano em relação aos efeitos não desejáveis dos desenvolvimentos científicos e tecnológicos no âmbito da genética, através de instrumentos jurídicos internacionais. Desse modo, um dos princípios éticos que devem guiar as ações da genética médica é que "a informação genética individual é privativa da pessoa de quem provém e não pode ser revelada a terceiros sem seu expresso consentimento". DECLARAÇÃO DE MANZANILLO DE 1996, revisada em Buenos Aires em 1998. *Declaração Ibero-Latino-Americana sobre Ética Genética*. Disponível em: <http://revistabioetica.cfm.org.br/index.php/revista_bioetica/article/viewFile/338/406>. Acesso em: 08 abr. 2012.

de pessoas. A seguir, estabelece a igualdade de todas as pessoas perante a lei e proíbe a discriminação em razão das características genéticas[155].

A Declaração Internacional sobre Dados Genéticos Humanos da Unesco, de 16 de outubro de 2004, tem como objetivo o respeito da dignidade humana e a proteção dos direitos humanos e das liberdades fundamentais em matéria de recolha, utilização e conservação de dados genéticos humanos, em conformidade com os imperativos de igualdade, justiça e solidariedade. Prevê, ainda, que a informação genética humana de uma pessoa identificável não deverá ser comunicada nem tornada acessível a terceiros, em particular empregadores[156].

---

(155) Art. 3º, "1. Todas as pessoas têm direito ao respeito pela sua integridade física e mental. 2. No domínio da medicina e da biologia, devem ser respeitados, designadamente: o consentimento livre e esclarecido da pessoa, nos termos da lei, a proibição das práticas eugénicas, nomeadamente das que têm por finalidade a selecção das pessoas, a proibição de transformar o corpo humano ou as suas partes, enquanto tais, numa fonte de lucro, a proibição da clonagem reprodutiva dos seres humanos". Art. 20º, "Todas as pessoas são iguais perante a lei". Art. 21º, "1. É proibida a discriminação em razão, designadamente, do sexo, raça, cor ou origem étnica ou social, características genéticas, língua, religião ou convicções, opiniões políticas ou outras, pertença a uma minoria nacional, riqueza, nascimento, deficiência, idade ou orientação sexual. 2. No âmbito de aplicação do Tratado que institui a Comunidade Europeia e do Tratado da União Europeia, e sem prejuízo das disposições especiais destes Tratados, é proibida toda a discriminação em razão da nacionalidade". PARLAMENTO EUROPEU, CONSELHO DA UNIÃO EUROPEIA E COMISSÃO EUROPEIA. *Carta dos Direitos Fundamentais da União Europeia*. Disponível em: <http://www.europarl.europa.eu/charter/pdf/text_pt.pdf>. Acesso em: 08 abr. 2012.
(156) Art. 14º, "(a) Os Estados deverão desenvolver esforços no sentido de proteger, nas condições previstas pelo direito interno em conformidade com o direito internacional relativo aos direitos humanos, a vida privada dos indivíduos e a confidencialidade dos dados genéticos humanos associados a uma pessoa, uma família ou, se for caso disso, um grupo identificável. (b) Os dados genéticos humanos, os dados proteómicos humanos e as amostras biológicas associados a uma pessoa identificável não deverão ser comunicados nem tornados acessíveis a terceiros, **em particular empregadores**, companhias de seguros, estabelecimentos de ensino ou família, se não for por um motivo de interesse público importante nos casos restritivamente previstos pelo direito interno em conformidade com o direito internacional relativo aos direitos humanos, ou ainda sob reserva de consentimento prévio, livre, informado e expresso da pessoa em causa, na condição de tal consentimento estar em conformidade com o direito interno e com o direito internacional relativo aos direitos humanos. A vida privada de um indivíduo que participa num estudo em que são utilizados dados genéticos humanos, dados proteómicos humanos ou amostras biológicas deverá ser protegida e os dados tratados como confidenciais. (c) Os dados genéticos humanos, os dados proteómicos humanos e as amostras biológicas recolhidos para fins de investigação médica e científica não deverão por norma estar associados a uma pessoa identificável. Mesmo quando esses dados ou amostras biológicas não estão associados a uma pessoa identificável, deverão ser tomadas as precauções necessárias para garantir a sua segurança. (d) Os dados genéticos humanos, os dados proteómicos humanos e as amostras biológicas recolhidos para fins de investigação médica e cientifica só podem manter-se associados a uma pessoa identificável se forem necessários para a realização da investigação e na condição de a vida privada do indivíduo e a confidencialidade dos referidos dados ou amostras biológicas serem protegidos em conformidade com o direito interno. (e) Os dados genéticos humanos e os dados proteómicos humanos não deverão ser conservados sob uma forma que permita identificar o indivíduo em causa por mais tempo que o necessário para alcançar os objectivos com vista aos quais foram recolhidos ou ulteriormente tratados". (grifo nosso). UNESCO. *Declaração internacional sobre dados genéticos humanos. Op. cit.*

A Declaração Universal de Bioética e Direitos Humanos de 2005 tornou-se verdadeiro marco no que diz respeito às questões bioéticas suscitadas pela análise genética. Trata das questões éticas originadas pela medicina, pelas ciências da vida, bem como pelas tecnologias que lhes estão associadas quando aplicadas aos seres humanos, tendo em conta as suas dimensões social, jurídica e ambiental. Estabelece, assim, os princípios que deverão ser observados pela comunidade internacional e incorpora as regras que norteiam o respeito pela dignidade humana, pelos direitos humanos e pelas liberdades fundamentais. Reconhece, ainda, a interligação que existe entre ética e direito, ao consagrar a bioética entre os direitos humanos internacionais e ao garantir o respeito pela vida dos seres humanos[157].

6.1.2. Quadro Normativo em Portugal

A legislação portuguesa está bastante avançada no que diz respeito à utilização da informação genética no âmbito do contrato de trabalho. Apresentando normatização específica sobre informação genética pessoal e informação de saúde, Lei n. 12/2005, de 26 de janeiro, bem como disposições pontuais no Código do Trabalho, que se preocupam com a dignidade do trabalhador e garantem a tutela dos direitos de personalidade do candidato a emprego e do trabalhador, seja nos preliminares da formação contratual, na execução ou na cessação do contrato[158].

No art. 16º, o código laboral afirma como direito a reserva da intimidade da vida privada do trabalhador, proscrevendo tanto o acesso quanto a divulgação de aspectos atinentes à esfera íntima e pessoal do indivíduo. Estabelece, ainda, que, mesmo nos casos em que haja consentimento quanto à tomada de conhecimen-

---

(157) Art. 2º, "A presente Declaração tem os seguintes objectivos: (a) proporcionar um enquadramento universal de princípios e procedimentos que orientem os Estados na formulação da sua legislação, das suas políticas ou de outros instrumentos em matéria de bioética; (b) orientar as acções de indivíduos, grupos, comunidades, instituições e empresas, públicas e privadas; (c) contribuir para o respeito pela dignidade humana e proteger os direitos humanos, garantindo o respeito pela vida dos seres humanos e as liberdades fundamentais, de modo compatível com o direito internacional relativo aos direitos humanos; (d) reconhecer a importância da liberdade de investigação científica e dos benefícios decorrentes dos progressos da ciência e da tecnologia, salientando ao mesmo tempo a necessidade de que essa investigação e os consequentes progressos se insiram no quadro dos princípios éticos enunciados na presente Declaração e respeitem a dignidade humana, os direitos humanos e as liberdades fundamentais; (e) fomentar um diálogo multidisciplinar e pluralista sobre as questões da bioética entre todas as partes interessadas e no seio da sociedade em geral; (f) promover um acesso equitativo aos progressos da medicina, da ciência e da tecnologia, bem como a mais ampla circulação possível e uma partilha rápida dos conhecimentos relativos a tais progressos e o acesso partilhado aos benefícios deles decorrentes, prestando uma atenção particular às necessidades dos países em desenvolvimento; (g) salvaguardar e defender os interesses das gerações presentes e futuras; (h) sublinhar a importância da biodiversidade e da sua preservação enquanto preocupação comum à humanidade". UNESCO. *Declaração universal de bioética e direitos humanos. Op. cit.*
(158) GOMES, Júlio Manuel Vieira. *Direito do trabalho. Op. cit.*, p. 267.

to, continua a incidir sobre a entidade patronal o dever de não revelar a terceiros aspectos da vida do trabalhador. Tal artigo marca e influencia o regime dos testes e exames médicos. Assim, se alguém exige ao indivíduo que labora a realização ou apresentação dessas análises para comprovação das respectivas condições físicas ou psíquicas, além do que é legalmente admitido, é posto em causa o regime do art. 19º do mesmo diploma normativo[159].

Destaca-se que o referido art. 19º, n. 1, aponta, como princípio geral, que o empregador não pode exigir ao candidato a emprego ou trabalhador a realização ou apresentação de testes ou exames médicos, de qualquer natureza, para comprovação das condições físicas ou psíquicas, seja para efeitos de admissão ou permanência no emprego. As limitações ao referido princípio necessitam do preenchimento dos seguintes requisitos: em termos substantivos, que a finalidade da exigência se prenda com a proteção e segurança do trabalhador ou de terceiros, ou quando particulares exigências inerentes à atividade o justifiquem; do ponto de vista formal: que o empregador forneça por escrito a fundamentação que preside à referida exigência e que as informações sejam prestadas ao médico.

O n. 2 do preceito baliza a abertura conferida por meio das limitações anteriormente referidas e define que em circunstância alguma, o empregador pode exigir à candidata a emprego ou à trabalhadora a apresentação de testes ou exames de gravidez. Guilherme Dray, ao analisar o dispositivo, ensina que:

> Trata-se de um preceito absolutamente imperativo, que não admite derrogação em contrário, em nome do personalismo ético e da dignidade humana. Não obstante o preceito não afirmar expressamente, advoga-se que o respectivo regime também não legitima em qualquer circunstância e por idênticas razões a exigência de realização de testes genéticos[160].

O n. 3 do mesmo artigo apresenta um corolário do direito à reserva da intimidade da vida privada, ao garantir ao trabalhador a confidencialidade dos testes e exames médicos a que haja se submetido, por meio do mandamento de que o médico responsável pela realização, só pode comunicar ao empregador se o trabalhador está ou não apto para desempenhar a atividade, salvo autorização escrita deste. A recolha por médico de tal informação evita intromissões excessivas ou desnecessárias, porquanto só ele estará em condições, não apenas de recolher os dados pertinentes, como de os tratar confidencialmente[161].

---

(159) DRAY, Guilherme Machado. *Direitos de personalidade* — anotações ao código civil e ao código do trabalho. Coimbra: Almedina, 2006. p. 74.
(160) DRAY, Guilherme Machado. *Op. cit.* p. 84.
(161) Art. 13º, c, "São deveres dos médicos: c) Guardar segredo profissional". PORTUGAL. *Estatuto da Ordem dos Médicos*. Disponível em <https://www.ordemdosmedicos.pt>. Acesso em: 28 mar. 2012.

A seguir, o art. 24º, do código do trabalho português, prevê o direito à igualdade no acesso ao emprego e no trabalho e estatui que nenhum trabalhador ou candidato a emprego pode ser privilegiado, beneficiado, prejudicado, privado de qualquer direito ou isento de qualquer dever em razão, nomeadamente, do patrimônio genético[162]. Por sua vez, o art. 25º proíbe de forma expressa qualquer discriminação em razão do patrimônio genético da pessoa que labora[163].

Dito isso, cabe analisar a Lei n. 12/2005, de 26 de janeiro, sobre a informação genética pessoal e informação de saúde, na qual o legislador português fixa as coordenadas fundamentais do relacionamento entre a informação genética e o contrato de trabalho[164].

A posição adotada pela referida lei é restritiva e consagra a regra da proibição dos testes genéticos, seja em fase de admissão ou em fase de execução do contrato de trabalho. Excepcionalmente, contudo, admite o recurso aos exames quando estão em causa interesses de saúde do próprio trabalhador ou situações de grave risco para a segurança ou ordem pública.

O art. 11º proíbe a discriminação sob qualquer forma, em função dos resultados de um teste genético para efeitos de obtenção ou manutenção de trabalho[165].

---

[162] Art. 24º, "1 — O trabalhador ou candidato a emprego tem direito a igualdade de oportunidades e de tratamento no que se refere ao acesso ao emprego, à formação e promoção ou carreira profissionais e às condições de trabalho, não podendo ser privilegiado, beneficiado, prejudicado, privado de qualquer direito ou isento de qualquer dever em razão, nomeadamente, de ascendência, idade, sexo, orientação sexual, estado civil, situação familiar, situação económica, instrução, origem ou condição social, **património genético**, capacidade de trabalho reduzida, deficiência, doença crónica, nacionalidade, origem étnica ou raça, território de origem, língua, religião, convicções políticas ou ideológicas e filiação sindical, devendo o Estado promover a igualdade de acesso a tais direitos. 2 — O direito referido no número anterior respeita, designadamente: a) A critérios de selecção e a condições de contratação, em qualquer sector de actividade e a todos os níveis hierárquicos; b) A acesso a todos os tipos de orientação, formação e reconversão profissionais de qualquer nível, incluindo a aquisição de experiência prática; c) A retribuição e outras prestações patrimoniais, promoção a todos os níveis hierárquicos e critérios para selecção de trabalhadores a despedir; d) A filiação ou participação em estruturas de representação colectiva, ou em qualquer outra organização cujos membros exercem uma determinada profissão, incluindo os benefícios por elas atribuídos. 3 — O disposto nos números anteriores não prejudica a aplicação: a) De disposições legais relativas ao exercício de uma actividade profissional por estrangeiro ou apátrida; b) De disposições relativas à especial protecção de património genético, gravidez, parentalidade, adopção e outras situações respeitantes à conciliação da actividade profissional com a vida familiar [...]". (grifo nosso). PORTUGAL. *Código do Trabalho*. Disponível em: <http://dre.pt/pdf1s/2009/02/03000/0092601029.pdf>. Acesso em: 28 jun. 2012.
[163] Art. 25º, "1 — O empregador não pode praticar qualquer discriminação, directa ou indirecta, **em razão nomeadamente dos factores referidos no n.º 1 do artigo anterior** [...]". (grifo nosso). *Idem*.
[164] Art. 1º, "A presente lei define o conceito de informação de saúde e de informação genética, a circulação de informação e a intervenção sobre o genoma humano no sistema de saúde, bem como as regras para a colheita e conservação de produtos biológicos para efeitos de testes genéticos ou de investigação". PORTUGAL. *Lei n. 12/2005 de 26 de janeiro*. Op. cit.
[165] Art. 11º, "1 — Ninguém pode ser prejudicado, sob qualquer forma, em função da presença de doença genética ou em função do seu património genético. 2 — Ninguém pode ser discriminado,

Mas é o art. 13º que trata especificamente sobre os testes genéticos no emprego e prevê as diretrizes que devem ser seguidas, *in verbis*:

> 1 — A contratação de novos trabalhadores não pode depender de selecção assente no pedido, realização ou resultados prévios de testes genéticos.
>
> 2 — Às empresas e outras entidades patronais não é permitido exigir aos seus trabalhadores, mesmo que com o seu consentimento, a realização de testes genéticos ou a divulgação de resultados previamente obtidos.
>
> 3 — Nos casos em que o ambiente de trabalho possa colocar riscos específicos para um trabalhador com uma dada doença ou susceptibilidade, ou afectar a sua capacidade de desempenhar com segurança uma dada tarefa, pode ser usada a informação genética relevante para benefício do trabalhador e nunca em seu prejuízo, desde que tenha em vista a protecção da saúde da pessoa, a sua segurança e a dos restantes trabalhadores, que o teste genético seja efectuado após consentimento informado e no seguimento do aconselhamento genético apropriado, que os resultados sejam entregues exclusivamente ao próprio e ainda desde que não seja nunca posta em causa a sua situação laboral.
>
> 4 — As situações particulares que impliquem riscos graves para a segurança ou a saúde pública podem constituir uma excepção ao anteriormente estipulado, observando-se no entanto a restrição imposta no número seguinte.
>
> 5 — Nas situações previstas nos números anteriores os testes genéticos, dirigidos apenas a riscos muito graves e se relevantes para a saúde actual do trabalhador, devem ser seleccionados, oferecidos e supervisionados por uma agência ou entidade independente e não pelo empregador.
>
> 6 — Os encargos da realização de testes genéticos a pedido ou por interesse directo de entidades patronais são por estas suportados.

Assim, a regra é a da interdição da utilização da informação genética no âmbito do contrato de trabalho, seja nos processos de admissão de novos trabalhadores (n. 1) ou na execução da relação laboral, mesmo que haja o consentimento do trabalhor (n. 2).

No que diz respeito ao consentimento do trabalhador para a realização dos testes genéticos, a lei afirma a irrelevância da permissão, o que faz todo sentido numa relação marcadamente assimétrica, como é a relação laboral. Pois o consentimento será sempre questionável devido à disparidade socioeconômica existente entre os sujeitos celebrantes do contrato de trabalho. Pontua Júlio Gomes que deve-se "negar relevância ao consentimento do candidato ao emprego em todos

---

sob qualquer forma, em função dos resultados de um teste genético diagnóstico, de heterozigotia, pré-sintomático ou preditivo, **incluindo para efeitos de obtenção ou manutenção de emprego**, obtenção de seguros de vida e de saúde, acesso ao ensino e, para efeitos de adopção, no que respeita quer aos adoptantes quer aos adoptandos. 3 — Ninguém pode ser discriminado, sob qualquer forma, nomeadamente no seu direito a seguimento médico e psicossocial e a aconselhamento genético, por se recusar a efectuar um teste genético. 4 — É garantido a todos o acesso equitativo ao aconselhamento genético e aos testes genéticos, salvaguardando-se devidamente as necessidades das populações mais fortemente atingidas por uma dada doença ou doenças genéticas". (grifo nosso). *Idem.*

os casos em que o teste não seja, em rigor necessário, ou proporcional face à natureza das funções a exercer"[166].

As exceções à regra restritiva à utilização dos testes genéticos no emprego encontram abrigo nos ditames do art. 13º, ns. 3 e 4. O legislador opta por permitir que, em situações específicas e sob condições definidas, seja realizada a análise genética do trabalhador. Entende-se, no entanto, que tais aberturas se destinam apenas ao conhecimento da saúde atual do trabalhador e não à previsão sobre o estado de saúde futuro, ou seja, possibilita somente os testes genéticos de diagnóstico e não de prognóstico.

A realização dos testes não deve detectar qualquer predisposição genética para doença futura, pelo contrário, terá que restringir-se ao diagnóstico atual da saúde do indivíduo analisado. Nesse sentido, ensina João Leal Amado que,

> ao exigir que os testes genéticos, nos estreitos limites em que são permitidos, sejam relevantes para a saúde actual do trabalhador, a lei parece remeter quaisquer testes de natureza preditiva para o domínio do ilícito, sendo apenas admissíveis, no âmbito laboral, os testes genéticos diagnósticos[167].

A primeira exceção se baseia na utilização da informação genética quando estão em causa os interesses do próprio trabalhador, designadamente a tutela da sua saúde e segurança (n. 3). Nessa hipótese, atente-se, outrossim, que as restrições para a realização dos testes são as seguintes: a informação somente poderá ser utilizada para benefício do trabalhador e nunca em seu prejuízo; o teste genético só pode ser efetuado após consentimento informado do trabalhador e no seguimento do aconselhamento genético apropriado; os resultados do teste genético devem ser entregues exclusivamente ao próprio trabalhador, não sendo nunca posta em causa a sua situação laboral.

> A lei rodeia estes testes de muitas cautelas, entre estas avultando a exigência de que os respectivos resultados sejam entregues exclusivamente ao próprio trabalhador, o que significa que o empregador não terá o direito de se inteirar de tais resultados — única forma eficaz, de resto, de o legislador evitar que a informação genética venha realmente a ser utilizada em detrimento do trabalhador, comprometendo a sua situação laboral[168].

Já a segunda exceção encontra sustentação nas situações particulares que impliquem riscos graves para a segurança ou saúde pública (n. 4). Todavia, os

---

(166) GOMES, Júlio Manuel Vieira. *Direito do trabalho. Op. cit.* p. 348.
(167) AMADO, João Leal. Breve apontamento sobre a incidência da revolução genética no domínio juslaboral e a Lei n. 12/2005, de 26 de janeiro. *Questões laborais. Op. cit.* p. 120.
(168) AMADO, João Leal. *Op. cit.* p. 111-120.

testes genéticos só serão admissíveis quando dirigidos a riscos muito graves e se forem relevantes para a saúde atual do trabalhador (n. 5).

Por fim, os testes genéticos deverão sempre ser realizados por uma agência ou entidade independente, nunca pelo empregador (n. 5). E os encargos da realização recairão sobre a entidade empregadora quando a pedido ou por interesse direto de entidades patronais (n. 6).

Stela Barbas destaca que a legislação não faz ressalva relativamente às doenças monogênicas ou às predisposições para enfermidades multifatoriais, algo que deveria ter acontecido, pois é necessária a distinção entre o diagnóstico de doenças monogênicas que com certeza se vão manifestar e as predisposições para doenças que só se manifestarão em certas condições ambientais[169]. Isto porque tal diferenciação gera reflexos distintos no contexto laboral.

6.1.3. Quadro Normativo no Brasil

A título de comparação com Portugal, o Brasil está atrasado quanto à normatização do uso dos testes genéticos no âmbito da relação de trabalho, pois não há legislação específica sobre o tema, de forma que será preciso recorrer aos princípios gerais do Direito, aos preceitos de direitos humanos fundamentais, bem como às resoluções administrativas para apreciar o tema, enquanto se espera pela criação de lei especial ou da inclusão no código trabalhista da sua regulamentação.

Na Consolidação das Leis do Trabalho brasileira não há menção expressa sobre testes genéticos, apenas existe a previsão no art. 168, incluída em 1989, da obrigação do empregador em realizar exames médicos na contratação, durante a duração do contrato de trabalho e na sua rescisão. Entretanto, tais exames não possuem a profundidade de um teste genético[170].

No parágrafo 2º do citado artigo, estabelece-se a possiblidade de realização de testes complementares que devem apurar a capacidade física e mental do

---

(169) BARBAS, Stela Marcos de Almeida Neves. *Direito do genoma humano.* Op. cit. p. 585.
(170) Art. 168, "Será obrigatório exame médico por conta do empregador, nas condições estabelecidas neste artigo e nas instruções complementares a serem expedidas pelo Ministério do Trabalho: I — na admissão; II — na demissão; III — periodicamente; § 1º O Ministério do Trabalho baixará instruções relativas aos casos em que serão exigidas exames: a) por ocasião da demissão; b) complementares. § 2º Outros exames complementares poderão ser exigidos, a critério médico, para apuração da capacidade ou aptidão física e mental do empregado para a função que deve exercer. § 3º O Ministério do Trabalho estabelecerá, de acordo com resto da atividade e o tempo de exposição, a periodicidade dos exames médicos. § 4º O empregador manterá no estabelecimento o material necessário à prestação de primeiros socorros médicos, de acordo com risco da atividade. § 5º O resultado dos exames médicos, inclusive o exame complementar, será comunicado ao trabalhador, observados os preceitos da ética médica". BRASIL. *Consolidação das Leis do Trabalho.* Decreto-Lei n. 5.452 de 1º maio de 1943. Disponível em: <http://www.planalto.gov.br/ccivil_03/Decreto-Lei/Del5452compilado.htm>. Acesso em: 28 jun. 2012.

trabalhador, em consideração com a atividade a ser realizada. Vê-se aqui que o legislador ampliou o leque de possibilidades de acesso às informações de saúde do empregador. Todavia, entende-se que, mesmo nesse caso, não há possiblidade de se incluir os testes genéticos por mera analogia jurídica, visto que estes têm a natureza preditiva e vão além do que está previsto no dispositivo.

Ainda no âmago da Lei trabalhista, o parágrafo quinto do art. 168 protege a informação sobre os resultados médicos do trabalhador, de forma que não é porque o empregador tem o dever de realizar os exames que terá o direito de aceder aos seus resultados, pois, seguindo a ética médica, tais informações pertecem à pessoa examinada.

Faz-se imprescindível citar que o Conselho Nacional de Saúde do Brasil publicou a resolução[171] n. 340 em 2004 com as diretrizes para Análise Ética e Tramitação dos Projetos de Pesquisa em Genética Humana. Os avanços científicos e suas apliações tornaram necessário o posicionamento de instituições, pesquisadores e comitês de ética em todo o país, o que demandou a regulamentação das pesquisas envolvendo seres humanos.

A resolução afirma que a pesquisa em genética humana envolve a produção de dados genéticos de seres humanos, por conseguinte, sua finalidade precípua deve estar relacionada ao acumular de conhecimento científico que permita aliviar o sofrimento e melhorar a saúde dos indivíduos e da humanidade. Salienta que os dados produzidos por tal pesquisa assumem especial categoria e seus reflexos sobre o indivíduo, a família e o grupo a que pertença devem ser protegidos para que não ocorra a estigmatização e a discriminação das pessoas. Além disso, aduz que, os dados genéticos associados a um indivíduo identificável não poderão ser divulgados nem ficar acessíveis a terceiros, nomeadamente a empregadores. Os testes de natureza preditiva deverão ser precedidos de esclarecimento sobre seu significado e possível utilização, dando aos indivíduos acesso à informação obtida e a opção de escolher entre serem ou não informados dos resultados dos exames, com o respectivo aconselhamento genético[172].

---

(171) No contexto jurídico brasileiro, as Resoluções são atos administrativos normativos expedidos pelas autoridades do Executivo (mas não pelo Chefe do Executivo, que só deve expedir decretos) ou pelos presidentes de tribunais, órgãos legislativos e colegiados administrativos, para disciplinar matéria de sua competência específica. Tratam-se, assim, de normas que, muitas vezes, suprem lacunas legislativas e acabam sendo obedecidas como se tivessem força de lei. Desse modo, as resoluções no Brasil desempenham importante papel no ordenamento jurídico.
(172) Aspectos éticos, "III.1 — A pesquisa genética produz uma categoria especial de dados por conter informação médica, científica e pessoal e deve por isso ser avaliado o impacto do seu conhecimento sobre o indivíduo, a família e a totalidade do grupo a que o indivíduo pertença. III.2 — Devem ser previstos mecanismos de proteção dos dados visando evitar a estigmatização e a discriminação de indivíduos, famílias ou grupos. III.3 — As pesquisas envolvendo testes preditivos deverão ser precedidas, antes da coleta do material, de esclarecimentos sobre o significado e o possível uso dos resultados previstos. III.4 — Aos sujeitos de pesquisa deve ser oferecida a opção de escolher entre

No campo das leis, o que existe no Brasil são alguns projetos, ainda em trâmite nas casas legislativas, os quais almejam assegurar a proteção dos dados genéticos. Merece destaque o Projeto de Lei n. 4.610, de 1998, que anuncia, em seu art. 2º, a preocupação com as prováveis consequências da utilização dos testes genéticos, bem como define o conceito e os crimes resultantes da discriminação genética e impõe que a utilização de testes preditivos somente é possível com finalidades médicas[173].

---

serem informados ou não sobre resultados de seus exames. III.5 — Os projetos de pesquisa deverão ser acompanhados de proposta de aconselhamento genético, quando for o caso. III.6 — Aos sujeitos de pesquisa cabe autorizar ou não o armazenamento de dados e materiais coletados no âmbito da pesquisa, após informação dos procedimentos definidos na Resolução sobre armazenamento de materiais biológicos. III.7 — Todo indivíduo pode ter acesso a seus dados genéticos, assim como tem o direito de retirá-los de bancos onde se encontrem armazenados, a qualquer momento. [...] III.11 — Os dados genéticos resultantes de pesquisa associados a um indivíduo identificável não poderão ser divulgados nem ficar acessíveis a terceiros, notadamente a empregadores, empresas seguradoras e instituições de ensino, e também não devem ser fornecidos para cruzamento com outros dados armazenados para propósitos judiciais ou outros fins, exceto quando for obtido o consentimento do sujeito da pesquisa. [...] III.14 — Dados genéticos humanos não devem ser armazenados por pessoa física, requerendo a participação de instituição idônea responsável, que garanta proteção adequada". BRASIL. Conselho Nacional de Saúde. *Resolução CNS 340/2004 — Diretrizes para Análise Ética na área de Genética Humana de 8 de julho de 2004*. Disponível em: <http://conselho.saude.gov.br/resolucoes/reso_04.htm>. Acesso em: 28 jun. 2012.
(173) "Projeto de Lei n. 4610, de 1998, Define os crimes resultantes de discriminação genética. Capítulo I — Da discriminação genética. Art. 1º Para os efeitos dessa lei, entende-se por discriminação genética a discriminação de pessoas em razão de seu patrimônio genético. Art. 2º A realização de testes preditivos de doenças genéticas ou que permitam identificar a pessoa como portadora de um gene responsável por uma doença ou pela suscetibilidade ou predisposição genética a uma doença só é permitida com finalidades médicas ou de pesquisa médica e após aconselhamento genético, por profissional habilitado. Capítulo II — Dos crimes e das penas. Art. 3º Negar, limitar ou descontinuar cobertura por seguro de qualquer natureza com base em informação genética do estipulante ou de segurado, bem como estabelecer prêmios diferenciados, com base em tal informação. Pena: detenção, de três meses a um ano, e multa. Art. 4º Negar, limitar ou descontinuar cobertura por plano de saúde com base em informação genética do contratante ou de beneficiário, bem como estabelecer mensalidades diferenciadas, com base em tal informação. Pena: detenção, de três meses a um ano, e multa. Art. 5º Recusar, negar ou impedir a matrícula, o ingresso ou a permanência de aluno em estabelecimento de ensino público ou privado de qualquer grau, bem como a outras formas de treinamento, atualização profissional ou programa de educação continuada, com base em informação genética da pessoa. Pena: detenção, de um mês a um ano, e multa. Parágrafo único. Se o crime for praticado contra menor de dezoito anos, a pena é agravada de um terço. Art. 6º Recusar, negar ou impedir inscrição em concurso público ou em quaisquer outras formas de recrutamento e seleção de pessoal com base em informação genética do postulante, bem como, com base em informações dessa natureza, obstar, impedir o acesso ou a permanência em trabalho, emprego, cargo ou função, na Administração Pública ou na iniciativa privada. Pena: detenção, de um mês a um ano, e multa. Art. 7º Impedir ou obstar, por qualquer meio ou forma, casamento ou convivência familiar e social de pessoas, com base em informação genética das mesmas. Pena: detenção, de um a seis meses, e multa. Art. 8º Divulgar informação genética de uma pessoa, a menos que haja prévia autorização sua, por escrito. Pena: detenção, de um a seis meses, e multa. Capítulo III — Das disposições finais Art. 9º Constitui efeito da condenação a perda do cargo ou função pública, para o servidor público, e a proibição de estabelecer contratos ou convênios com entidades públicas e de se beneficiar de

O art. 6º do projeto trata da utilização dos testes em sede laboral, definindo pena a quem recusar, negar ou impedir inscrição em quaisquer formas de recrutamento ou seleção de pessoal com base em informação genética do postulante, ou, com fundamento em informações dessa natureza, obstar, impedir o acesso ou a permanência em trabalho, emprego, cargo ou função, tanto na iniciativa privada como na administração publica.

Francisco Neto ensina que:

> Seguramente o parlamentar proponente, conhecendo a tradição autoritária do Estado brasileiro e lembrando o fato histórico de que os preconceitos foram, em grande medida, obra de políticas públicas como o nazismo, o fascismo, o *apartheid*, preocupou-se em precaver contra abusos também nas relações de trabalho que a pessoa humana mantém com o Estado[174].

Acrescenta, ainda, o autor que o dispositivo protege a pessoa humana contra a discriminação genética no âmbito das relações trabalhistas privadas, "contentando-se em abrir fogo contra os empregadores privados"[175].

No projeto de lei, o entendimento do legislador brasileiro se posiciona no sentido da proibição da utilização dos testes genéticos, quer no momento da seleção, quer durante a execução do contrato de trabalho. Além disso, deixa claro que os testes de natureza preditiva ou prognóstica somente são permitidos com finalidades médicas ou de pesquisa médica e após aconselhamento genético por profissional habilitado.

Apesar do longo período de tramitação nas casas legislativas do Brasil, é possível que o projeto ainda venha a ser aprovado e constitua mais um instrumento de defesa do trabalhador contra a ingerência das entidades patronais em seu patrimônio genético. De momento, uma demanda judiciária será analisada de acordo com os ditames da dignidade humana e dos direitos fundamentais do homem. Logo, o entendimento deverá ser no sentido da proibição dos testes, pois as garan-

---

créditos oriundos de instituições governamentais ou daquelas em que o Estado é acionista, para a instituição. Parágrafo único. Os efeitos de que trata o caput desse artigo são automáticos, devendo ser motivadamente declarados na sentença. Art. 10º Incidem nas penas cominadas aos crimes definidos nesta Lei: I — quem, de qualquer modo, concorrer para sua prática; II — o diretor, o controlador, o administrador, o membro de conselho e de órgão técnico, o gerente, o preposto ou mandatário de pessoa jurídica, que, sabendo ou devendo saber da conduta criminosa de outrem, deixar de impedir a sua prática quando podia agir para evitá-la. Art. 11º Esta Lei entra em vigor na data de sua publicação." BRASIL. *Projeto de Lei n. 4610, de 1998*. Define os crimes resultantes de discriminação genética. Disponível em: <http://www.camara.gov.br/sileg/prop_detalhe.asp?id=20995>. Acesso em: 28 mar. 2012.
(174) NETO, Francisco Vieira Lima. *O direito de não sofrer discriminação genética*. Rio de Janeiro: Lumen Juris, 2008. p. 123.
(175) *Idem, ibidem*.

tias contra a discriminação e a invasão da vida privada do trabalhador prevalecerão sobre o caráter especulativo do interesse do empregador em diminuir seus custos de produção. A dignidade da pessoa humana balizará a tomada de decisão.

6.2. REQUISITOS PARA O USO DA INFORMAÇÃO GENÉTICA NO ÂMBITO LABORAL

Com efeito, os ordenamentos jurídicos nacionais e internacionais estipulam certos requisitos para a utilização da análise genética. Cabe, assim, analisar de forma mais detalhada tais pressupostos éticos e jurídicos. Nesse sentido, serão feitas muitas referências à lei portuguesa que trata da informação genética pessoal e informação da saúde, nomeadamente, por ser esclarecedora, visto que prevê inúmeras situações e soluções que mantenham o bom uso da informação genética do trabalhador, bem como às declarações de cunho internacional que de alguma maneira, abordam o tema.

6.2.1. Submissão aos testes genéticos e consentimento informado

Dados a obrigação patronal de prevenir exposições nocivas no local de trabalho e os interesses dos trabalhadores ou candidatos a emprego de atuar de forma autônoma, pode haver desacordo sobre se o empregador tem o poder de exigir a realização dos testes genéticos ao trabalhador ou candidato a emprego.

Naturalmente, alguns trabalhadores irão querer passar pelos testes genéticos para tomar decisões informadas sobre o trabalho, pesando os benefícios e os riscos de assumir um emprego. Com base nos resultados dos exames genéticos, os trabalhadores podem continuar a trabalhar em um emprego, apesar dos riscos à saúde, ou, alternativamente, deixar de trabalhar em um ambiente perigoso e procurar transferência para outro trabalho. Haverá, ainda, trabalhadores que prefiram não ser testados, pois não desejam saber informações psicologicamente onerosas. Qualquer uma dessas opções pode ser vista como forma de maximizar a autonomia do trabalhador[176].

No entanto, o empregador pode desejar a liberdade para realizar os testes genéticos e estabelecer as condições de participação dos trabalhadores e as consequências para aqueles que se recusam a participar. Pois o empregador busca sempre pesar os benefícios, minimizar os custos da responsabilidade por doença profissional e atingir o melhor desempenho no mercado.

---

(176) U.S. CONGRESS, Office of Technology Assessment. *Genetic monitoring and screening in the workplace. Op. cit.* p. 142.

A decisão de se submeter ou não aos testes genéticos não deve ser tomada de forma impensada ou aleatória pelo indivíduo, a submissão apenas deve acontecer após se conhecerem "todas as informações disponíveis quanto ao risco e à gravidade da doença, a efetividade das medidas preventivas e terapêuticas e o prejuízo potencial que pode surgir dos testes"[177].

Assim, o consentimento[178] para ser examinado deve ser informado, expresso, prévio e dado de forma livre pela pessoa que terá seu material genético recolhido e analisado[179]. Além disso, é condição essencial para a realização dos testes genéticos que o consentimento seja dado sem tentativa de persuasão por ganho pecuniário ou outra vantagem pessoal. Qualquer restrição ao princípio do consentimento necessitará de razões imperativas impostas pelo direito interno em conformidade com os ditames dos direitos humanos[180]. Devem imperar os princípios éticos, com observância das implicações para a saúde da pessoa, levando em conta o seu superior interesse.

No contexto legislativo brasileiro, para que o consentimento seja considerado devidamente informado, não basta a mera concordância verbal do indivíduo. É preciso que seja devidamente registrado, o que é previsto pela Resolução 340/2004 do Conselho Nacional de Saúde, que indica quais requisitos devem ser atendidos

---

(177) THOMPSON, James; THOMPSON, Margaret. *Genética médica. Op. cit.* p. 346-347.
(178) Art. 2º, (iii), "Consentimento: qualquer acordo específico, expresso e informado dado livremente por um indivíduo para que os seus dados genéticos sejam recolhidos, tratados, utilizados e conservados". UNESCO. *Declaração Internacional sobre Dados Genéticos Humanos. Op. cit.*
(179) Art. 5, b) "Obter-se-á, sempre, o consentimento livre e esclarecido da pessoa. Se essa pessoa não tiver capacidade de autodeterminação, obter-se-á consentimento ou autorização conforme a legislação vigente e com base nos interesses da pessoa". UNESCO. *Declaração universal sobre o genoma humano e direitos do homem. Op. cit.*
(180) Art. 8º, (a) "O consentimento prévio, livre, informado e expresso, sem tentativa de persuasão por ganho pecuniário ou outra vantagem pessoal, deverá ser obtido para fins de recolha de dados genéticos humanos, de dados proteómicos humanos ou de amostras biológicas, quer ela seja efectuada por métodos invasivos ou não invasivos, bem como para fins do seu ulterior tratamento, utilização e conservação, independentemente de estes serem realizados por instituições públicas ou privadas. Só deverão ser estipuladas restrições ao princípio do consentimento por razões imperativas impostas pelo direito interno em conformidade com o direito internacional relativo aos direitos humanos. (b) Quando, de acordo com o direito interno, uma pessoa é incapaz de exprimir o seu consentimento informado, deverá ser obtida uma autorização do seu representante legal, de acordo com o direito interno.O representante legal deverá agir tendo presente o superior interesse da pessoa em causa. (c) Um adulto que não esteja em condições de exprimir o seu consentimento deverá participar na medida do possível no processo de autorização. A opinião de um menor deverá ser tomada em consideração como um factor cujo carácter determinante aumenta com a idade e o grau de maturidade. (d) Os rastreios e testes genéticos praticados para fins de diagnóstico e de cuidados de saúde em menores e adultos incapazes de exprimir o seu consentimento não serão em princípio eticamente aceitáveis a não ser que tenham importantes implicações para a saúde da pessoa e tenham em conta o seu superior interesse". UNESCO. *Declaração internacional sobre dados genéticos humanos. Op. cit.*

na elaboração do Termo de Consentimento Livre e Esclarecido[181], evitando-se assim que haja dúvidas ou fraudes na declaração do trabalhador.

O consentimento pode ser retirado pela pessoa envolvida sempre que desejar, e da retirada não deverá resultar qualquer desvantagem ou penalidade. Quando retirado o seu consentimento, os dados genéticos não deverão voltar a ser utilizados, a menos que sejam irreversivelmente dissociados do trabalhador ou candidato a emprego examinado. No caso da informação estar associada ao indivíduo, deverá ser tratada de acordo com o desejo deste[182].

Assim, o consentimento informado converte-se em princípio ético de respeito à pessoa, em verdadeira medida da licitude de qualquer requerimento de dados genéticos do trabalhador ou candidato a emprego, bem como em primeira correção do desequilíbrio existente entres as partes contratantes, pois, como é sabido, a liberdade do trabalhador em contratar é quase fictícia[183].

---

(181) Artigo V — "Termo de Consentimento Livre e Esclarecido (TCLE): V.1 — O TCLE deve ser elaborado de acordo com o disposto no capítulo IV da Resolução CNS N. 196/96, com enfoque especial nos seguintes itens: a) explicitação clara dos exames e testes que serão realizados, indicação dos genes/segmentos do DNA ou do RNA ou produtos gênicos que serão estudados e sua relação com eventual condição do sujeito da pesquisa; b) garantia de sigilo, privacidade e, quando for o caso, anonimato; c) plano de aconselhamento genético e acompanhamento clínico, com a indicação dos responsáveis, sem custos para os sujeitos da pesquisa; d) tipo e grau de acesso aos resultados por parte do sujeito, com opção de tomar ou não conhecimento dessas informações; e) no caso de armazenamento do material, a informação deve constar do TCLE, explicitando a possibilidade de ser usado em novo projeto de pesquisa. É indispensável que conste também que o sujeito será contatado para conceder ou não autorização para uso do material em futuros projetos e que quando não for possível, o fato será justificado perante o CEP (Comitês de Ética em Pesquisa). Explicitar também que o material somente será utilizado mediante aprovação do novo projeto pelo CEP e pela CONEP (Comissão Nacional de Ética em Pesquisa) (quando for o caso); f) informação quanto a medidas de proteção de dados individuais, resultados de exames e testes, bem como do prontuário, que somente serão acessíveis aos pesquisadores envolvidos e que não será permitido o acesso a terceiros (seguradoras, empregadores, supervisores hierárquicos etc.); g) informação quanto a medidas de proteção contra qualquer tipo de discriminação e/ou estigmatização, individual ou coletiva; e h) em investigações familiares deverá ser obtido o Termo de Consentimento Livre e Esclarecido de cada indivíduo estudado". BRASIL. Conselho Nacional de Saúde. *Resolução CNS 340/2004 — Diretrizes para Análise Ética na área de Genética Humana de 8 de julho de 2004. Op. cit.*
(182) Art. 9º, (a) "Quando são recolhidos dados genéticos humanos, dados proteómicos humanos ou amostras biológicas para fins de investigação médica e científica, o consentimento pode ser retirado pela pessoa envolvida, salvo se os dados em questão forem irreversivelmente dissociados de uma pessoa identificável. Em conformidade com as disposições do art. 6º (d), da retirada do consentimento não deverá resultar qualquer desvantagem ou penalidade para a pessoa envolvida. (b) Quando uma pessoa retira o seu consentimento, os seus dados genéticos, os seus dados proteómicos e as suas amostras biológicas não deverão voltar a ser utilizados a menos que sejam irreversivelmente dissociados da pessoa envolvida. (c) Se os dados e as amostras biológicas não estiverem irreversivelmente dissociados, deverão ser tratados de acordo com os desejos da pessoa em causa. Se tais desejos não puderem ser determinados ou forem irrealizáveis ou perigosos, os dados e as amostras biológicas deverão ser irreversivelmente dissociados ou destruídos". UNESCO. *Declaração internacional sobre dados genéticos humanos. Op. cit.*
(183) DOMÍNGUEZ, Juan José Fernández. *Pruebas genéticas en el derecho del trabajo.* Madrid: Civitas, 1999. p.157.

6.2.2. Acesso às informações obtidas por meio dos testes genéticos

Diante da possibilidade real de implementação dos testes genéticos no espaço do vínculo de trabalho, é preciso ponderar, agora, sobre o acesso aos resultados, considerando que, como já afirmado, aquele que é submetido aos exames fica completamente exposto em sua intimidade genética. Logo, é preciso definir quem deve ter acesso à informação obtida a partir dos testes genéticos. São os trabalhadores que possuem direito sobre aos resultados do teste? São empregadores? São terceiros?

As informações obtidas com os exames genéticos podem fornecer a primeira indicação de que um indivíduo está em risco de manifestar uma doença. O trabalhador precisa saber desse resultado a fim de tomar as medidas necessárias para proteger a sua saúde. A retenção desta informação na fonte priva sobremaneira o trabalhador de sua autonomia, tornando impossível para ele realizar escolhas informadas. Caso não possa ser informado dos resultados dos testes genéticos, o trabalhador, provavelmente, não terá nenhuma razão para submeter-se a tais procedimentos. Logo, os resultados dos testes devem ser obrigatoriamente entregues aos trabalhadores, pois somente estes possuem o direito de aceder às informações que dizem respeito ao seu genoma[184].

Quando os pacientes se submetem a exames médicos, os resultados, normalmente, são recebidos por meio de seus médicos, em uma relação direta e bilateral. No entanto, se os testes genéticos são realizados na relação trabalhista, o empregador passa a figurar como um terceiro, cujos interesses diferem daqueles meramente médicos, não sendo certo que a tradição da entrega dos resultados se concretize. A menos que os programas de análise genética sejam estabelecidos pela empresa como parte de um programa de bem-estar do empregado, como forma de melhoria da qualidade de vida do trabalhador por meio do conhecimento de sua saúde e prevenção de doenças, os empregadores podem não encontrar razões para fornecer os resultados dos exames aos trabalhadores[185].

Além disso, os empregadores podem optar por proteger os interesses dos empregados de modo paternalista. Ao invés de notificar os trabalhadores sobre os resultados, passam a impedi-los de trabalhar em certos ambientes que os prejudicam. Embora essa abordagem cumpra a responsabilidade de fornecer um ambiente de trabalho seguro, ela nega a autonomia do trabalhador na medida em que não lhe permite tomar decisões informadas.

---

(184) Art. 13º, "A ninguém deverá ser recusado o acesso aos seus próprios dados genéticos ou dados proteómicos a não ser que os mesmos sejam irreversivelmente dissociados da pessoa que é sua a fonte identificável ou que o direito interno restrinja o acesso no interesse da saúde pública, da ordem pública ou da segurança nacional. UNESCO. *Declaração internacional sobre dados genéticos humanos. Op. cit.*
(185) U.S. CONGRESS, Office of Technology Assessment. *Genetic monitoring and screening in the workplace. Op. cit.* p. 143.

Os motivos de fornecer aos trabalhadores os resultados dos testes existem com base no direito à informação sobre a própria condição médica, na obrigação de respeitar a autonomia das pessoas, bem como no benefício social da comunicação aberta entre as pessoas testadas e aqueles que realizam os testes médicos. Seja qual for a explicação, convincentes razões estão presentes para garantir que os trabalhadores que se submetam aos testes genéticos tenham sempre o direito de receber os resultados dos testes[186].

6.2.3. Comunicação e interpretação do resultado do teste genético

A partir da implementação dos testes genéticos no âmbito da relação de trabalho, há dúvidas sobre como devem ser comunicados aos trabalhadores e aos empregadores os resultados dos testes genéticos. Porque, mesmo que os trabalhadores recebam os resultados, utilizando-os para fazer escolhas informadas no emprego, tal fato pode ser problemático, a menos que a comunicação seja acompanhada por uma adequada interpretação.

No momento do consentimento, o trabalhador ou candidato a emprego deve ser "informado detalhadamente sobre a finalidade da realização da análise e que não se irá utilizá-la para fins diversos daqueles para os quais foi solicitado"[187]. Os resultados dos exames precisam ser colocados em contexto, seu significado deve ser comunicado e explicado, pois há muito espaço para mal-entendidos e incorretas interpretações, que podem trazer sérios problemas tanto ao trabalhador quanto ao empregador.

Entregar os resultados sem interpretação adequada e exata pode prejudicar em muito os trabalhadores, desde indevidas preocupações com a saúde, até situações em que indivíduos susceptíveis continuariam a trabalhar em ambientes insalubres sem saber, pois o resultado do teste não foi compreendido. Embora seja impossível assegurar que todos os trabalhadores tomem decisões verdadeiramente informadas, a incapacidade de comunicar os resultados dos testes genéticos de forma clara, completa e responsável limita a autonomia dos funcionários.

---

(186) O art. 7º, n. 3, "A comunicação dos resultados de testes genéticos deve ser feita exclusivamente ao próprio, ou, no caso de testes diagnósticos, a quem legalmente o represente ou seja indicado pelo próprio, e em consulta médica apropriada". N. 4, "No caso de testes de estado de heterozigotia, pré-sintomáticos e preditivos, os resultados devem ser comunicados ao próprio e não podem nunca ser comunicados a terceiros sem a sua autorização expressa por escrito, incluindo a médicos ou outros profissionais de saúde de outros serviços ou instituições ou da mesma consulta ou serviço mas não envolvidos no processo de teste dessa pessoa ou da sua família". Determina, ainda, o art. 13º, n.3, parte final, que os resultados sejam entregues exclusivamente ao próprio trabalhador. PORTUGAL. *Lei n. 12/2005 de 26 de Janeiro*. Op. cit.
(187) BENGOECHEA, Juan A. Sagardoy. *Los derechos fundamentales y el contrato de trabajo*. Op. cit., p. 87.

Assim, o aconselhamento genético é necessário para que os funcionários compreendam os resultados dos exames genéticos e utilizem esse conhecimento de forma adequada. O consultor genético deverá transmitir ao paciente, de forma clara, precisa e mais favorável possível, todas as informações que sejam necessárias para a devida compreensão do diagnóstico. O profissional deverá escutar e compreender as verdadeiras inquietações do paciente, atento aos possíveis impactos psicossociais que a informação poderá trazer[188].

Os empregadores também se beneficiam da interpretação profissional correta dos resultados dos testes genéticos, visto que tomarão as medidas de forma mais precisa para conter os danos à saúde dos trabalhadores e evitar encargos indesejados nos custos de produção. No entanto, os empregadores podem não se interessar em obtê-la, pois, teoricamente, não precisam saber os níveis exatos de sensibilidade dos trabalhadores individualmente, podem simplesmente remover grupos de trabalhadores dos locais perigosos ou encontrar outros procedimentos[189].

Por fim, sem a interpretação qualificada dos resultados dos testes, os empregadores poderão negar emprego a indivíduos que nunca serão afetados por doenças ocupacionais. Esta recusa constituirá um tratamento injusto e poderá reduzir a eficiência no local de trabalho, deixando de servir aos interesses do empregador. Ter a interpretação de um conselheiro genético sobre os resultados dos testes genéticos parece ser de valor moral e econômico para os empregadores[190].

6.2.4. Aconselhamento genético para o uso da informação genética

Os efeitos do resultado do teste genético transcendem as relações laborais e levantam questões para o indivíduo, não apenas como trabalhador, mas também como pessoa e membro da família. A utilização desses recursos cria, na maioria das vezes, dilemas morais, éticos e psicológicos para os quais não existem soluções fáceis. Quando os testes são realizados em um ambiente médico privado, é fornecido um contexto em que certas suposições e expectativas podem, razoavelmente, ser realizadas pela pessoa que se submete ao exame. Esses fatores podem ser diferentes quando o local de trabalho se torna o cenário para receber a informação genética, pois difere da forma como a maioria das pessoas gostaria de aprender sobre a sua identidade genética. Acrescenta-se, ainda, que o indivíduo pode não ter procurado ser testado.

---

(188) ASHTON-PROLLA, Patrícia; GIUGLIANI, Roberto. Aconselhamento genético na era genômica. In: MIR, Luís (org.). *Genômica*. São Paulo: Atheneu, 2004. p. 162-163.
(189) U.S. CONGRESS, Office of Technology Assessment. *Genetic monitoring and screening in the workplace. Op. cit.* p. 145.
(190) *Idem, ibidem.*

A legislação portuguesa prevê que "[...] o teste genético seja efectuado após consentimento informado e no seguimento do aconselhamento genético apropriado"[191]. Portanto, o aconselhamento genético representa um elemento imprescindível para a realização da análise genética no âmbito laboral. Tal procedimento consiste em explicar as consequências possíveis de um teste desta natureza, suas vantagens e seus riscos e, se for o caso, ajudar o indivíduo, a família ou a descendência a assumir as consequências a longo prazo. Quanto ao momento, o aconselhamento genético pode acontecer antes e depois do teste genético[192].

Jorge Sequeiros define o aconselhamento genético como

> [...] processo de comunicação entre o *consultor* genético, que nem sempre é um geneticista clínico, e os *consultandos*, que podem ser doentes ou portadores assintomáticos, lidando com a avaliação de riscos de afecção (neles próprios ou nos seus filhos) e com a discussão do seu significado e alternativas possíveis, e tendo necessariamente como ponto de partida um diagnóstico clínico firmemente estabelecido[193]

Para algumas pessoas, considerar a possibilidade de passar pelos testes já constitui uma crise em suas vidas, devido à espectativa dos possíveis resultados, e, no caso de serem positivos, a dificuldade, obviamente, é exacerbada. A forma como os resultados afetarão o indivíduo está relacionada, tanto à estrutura psicológica quanto às implicações do prognóstico.

É certo que as questões psicológicas permeiam todos os aspectos da consulta genética, mas para além destas, existem também os potenciais impactos na família do examinado. A informação genética pode afetar não apenas o indivíduo, mas também cônjuge, pais, avós, irmãos, filhos e amigos. O estresse social e emocional, bem como futuros encargos financeiros, podem deformar o relacionamento familiar. Assim, além de lidar com a incerteza de seu próprio futuro, essas pessoas podem ainda experimentar o medo de transmitir suas características genéticas deletérias, ou mesmo a culpa por já tê-las transmitido aos seus descendentes.

O impacto psicológico e emocional de um diagnóstico positivo é diferente de acordo com a gravidade, com a possibilidade ou não de tratamento das doenças genéticas e com o fato de que diferentes famílias reagirão de modo diverso a

---

(191) Art. 13º, n. 3. PORTUGAL. *Lei n. 12/2005 de 26 de janeiro*. Op. cit.
(192) Art. 2º, xiv, "Aconselhamento genético: procedimento que consiste em explicar as consequências possíveis dos resultados de um teste ou de um rastreio genético, suas vantagens e seus riscos e, se for caso disso, ajudar o indivíduo a assumir essas consequências a longo prazo. O aconselhamento genético tem lugar antes e depois do teste ou do rastreio genético". UNESCO. *Declaração internacional sobre dados genéticos humanos*. Op. cit.
(193) SEQUEIROS, Jorge. Aconselhamento genético e teste preditivo na doença de Machado-Joseph. In: SEQUEIROS, Jorge (ed.). *O teste preditivo da doença de Machado-Joseph*. Porto: UnIGENe, IBCM, 1996. p. 98.

situações semelhantes. Apoio, aconselhamento e acompanhamento ajudarão os indivíduos e seus entes próximos a lidar com a predisposição ou doença, logo, devem ser garantidos a todas as pessoas[194].

Deve-se compreender o aconselhamento genético como um efetivo processo, com várias etapas: diagnóstico, avaliação dos riscos e a comunicação da informação ao paciente[195]. E, como tal, se inicia antes mesmo da realização dos testes e só terminará após a transmissão do diagnóstico aos pacientes, ou poderá continuar até quando necessário.

Os conhecimentos e as habilidades de um conselheiro podem ajudar o indivíduo a entender o diagnóstico, o risco de recorrência, o prognóstico e as medidas preventivas e terapêuticas, e também ajudar na comunicação de informações importantes para outros membros da família. O papel do conselheiro genético não é de persuasão ou convencimento, mas, sim, de respeito à autodeterminação pessoal e de transmissão imparcial das informações, a fim de que o aconselhamento não seja diretivo para a obtenção de uma resposta em um sentido previamente determinado[196].

De fato, o local de trabalho é um cenário atípico para receber informações de tamanha importância como é a genética. E quando os testes genéticos são utilizados na relação de trabalho, a pessoa do trabalhador ou candidato a emprego está sendo provida com informações que podem ter um significativo impacto nas decisões não relacionadas ao emprego, como, por exemplo, casamento, procriação e estilo de vida.

A ausência de suporte profissional qualificado, a falta de financiamento para os custos de exames adicionais ou, ainda, de aconselhamento genético adequado são, sem dúvida, fatores desfavoráveis à realização dos testes genéticos no ambiente laboral. Logo, torna-se imprescindível o acompanhamento apropriado para as pessoas com resultados positivos para uma predisposição ou doença genética, de modo a lhes garantir um tratamento digno.

---

(194) Art. 17º, n. 3, "todo cidadão tem direito a receber aconselhamento genético e, se indicado, acompanhamento psicossocial, antes e depois da realização de testes de heterozigotia, pré-sintomáticos, preditivos e pré-natais". PORTUGAL. *Lei n. 12/2005 de 26 de janeiro. Op. cit.*
(195) ASHTON-PROLLA, Patrícia; GIUGLIANI, Roberto. Aconselhamento genético na era genômica. In: MIR, Luís (org.). *Genômica. Op. cit.* p. 229.
(196) CIRIÓN, Aitziber Emaldi. *El consejo genético y sus implicaciones jurídicas.* Bilbao — Granada: Fundación BBVA, 2001. p. 16.

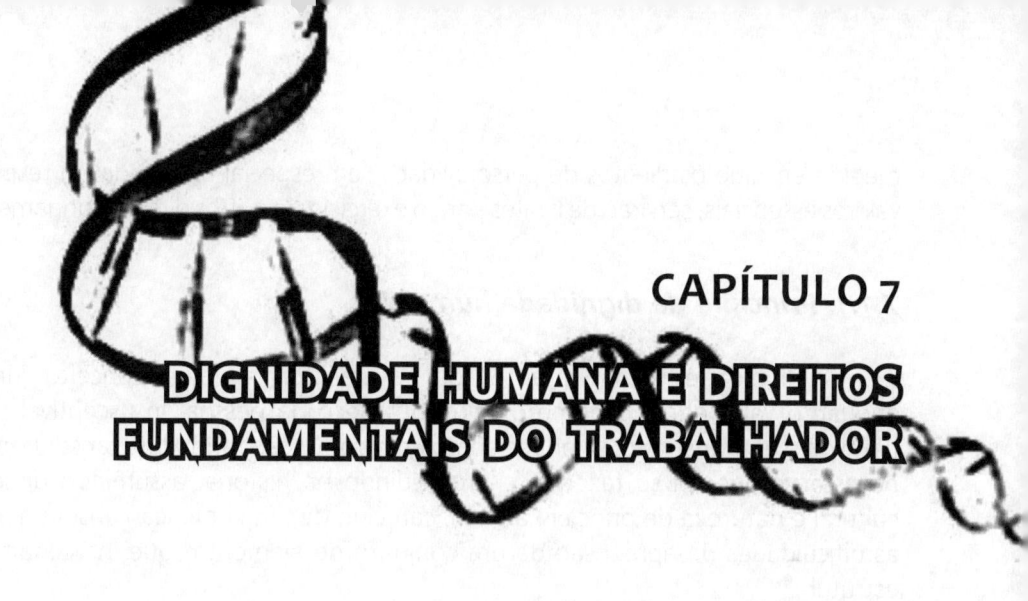

CAPÍTULO 7
DIGNIDADE HUMANA E DIREITOS FUNDAMENTAIS DO TRABALHADOR

7.1. DIGNIDADE HUMANA DO TRABALHADOR

Somente com a valorização do ser humano, enquanto ser que trabalha e interage com seus semelhantes, e com o respeito às suas diferenças pelo Direito, pela Sociedade e pelo próprio Estado, torna-se possível apreender a dignidade do trabalhador[197]. Nesse aspecto, os direitos humanos surgem e se solidificam baseados no valor do homem e em tudo que para ele é essencial, consequentemente, na liberdade para o trabalho e no desenvolvimento social, fatores que tornam o homem cada vez mais distante dos demais seres não racionais. "O ser humano, no desempenho do valor social que é o trabalho, não poderá ser utilizado como mero objeto ou meio para a realização do querer alheio"[198]. Isto é, deve utilizar-se do trabalho para o desenvolvimento de sua personalidade e a realização de suas convicções, sonhos e objetivos.

Na discussão relativa à análise genética, a dignidade humana deve ser considerada princípio informador e raiz de todos os direitos básicos da pessoa, nomeadamente daqueles reconhecidos como fundamentais pelas constituições, e, em particular, os direitos de personalidade, sobre os quais se projeta, constituindo um filtro interpretativo, integrador e valorativo, tanto para os poderes públicos como para os particulares. Neste ponto se encontra a "pedra angular"[199], na

---

[197] "O homem é o valor fundamental, algo que vale por si mesmo, identificando-se seu ser com a sua valia. De todos os seres, só o homem é capaz de valores, e as ciências do homem são inseparáveis de estimativas." REALE, Miguel. *Filosofia do direito*. São Paulo: Saraiva, 2002. p. 210.
[198] RESENDE, Renato de Souza. A centralidade do direito ao trabalho e a proteção jurídica ao emprego. In: PIOVESAN, Flávia; CARVALHO, Luciana Paula Vaz de. *Direitos humanos e direito do trabalho*. São Paulo: Atlas, 2010. p. 91.
[199] MIRANDA, Jorge; MEDEIROS, Rui. *Constituição portuguesa anotada*. Coimbra: Coimbra Editora, 2005. p. 283.

medida em que os direitos de personalidade, em especial os que dizem respeito a valores essenciais, servirão de limites para o exercício de outros direitos fundamentais.

7.1.1. Princípio da dignidade humana

A dignidade humana, antes de se transformar num conceito jurídico, enquanto valor ético, exprime o valor intrínseco da pessoa, insusceptível de ser definido e demonstrado. Impôs-se como uma convicção fundadora, absolutamente necessária, que foi se fazendo e progredindo na história, assumindo dimensão cultural e natureza de princípio aberto, carecido de uma definição absoluta, dadas as dificuldades de apreensão de um conjunto de elementos que lhe cedam uma estrutura[200].

Não obstante tal dificuldade de conceituação, Ingo Wolfgang Sarlet, para a melhor compreensão da questão, propõe o seguinte entendimento sobre dignidade da pessoa humana:

> Qualidade intrínseca e distintiva reconhecida em cada ser humano que o faz merecedor do mesmo respeito e consideração por parte do Estado e da comunidade, implicando, neste sentido, um complexo de direitos e deveres fundamentais que assegurem a pessoa tanto contra todo e qualquer ato de cunho degradante e desumano, como venha a lhe garantir as condições existenciais mínimas para vida saudável, além de propiciar e promover sua participação ativa e corresponsável nos destinos da própria existência e da vida em comunhão com os demais seres humanos[201].

Dada a abrangência, indeterminação e potencial evolutivo que o caracterizam, o princípio da dignidade humana perfila-se como a referência mais elevada do sistema jurídico e o seu preceito mais universal[202]. Em geral, os ordenamentos jurídicos encontram no axioma da dignidade o verdadeiro conceito regulativo, conferindo-lhes unidade de sentido, por meio de um valor próprio e uma dimensão normativa particular.

O princípio da dignidade humana assume a igualdade entre os seres humanos, independentemente das circunstâncias pessoais e sociais, capacidade física ou mental, ou mesmo características genéticas. Além disso, proporciona uma au-

---

(200) MARQUES, Mário Reis. A dignidade humana como *prius* axiomático. In: *Estudos em homenagem ao Prof. Doutor Jorge de Figueiredo Dias*. ANDRADE, Manuel da Costa; ANTUNES, Maria João; SOUSA, Susana Aires de (orgs.). Coimbra: Coimbra Editora, 2009. p. 562-563.
(201) SARLET, Ingo Wolfgang. *Dignidade da pessoa humana e direitos fundamentais na Constituição de 1988*. 5. ed. Porto Alegre: Livraria do Advogado, 2007. p. 64-65.
(202) MARQUES, Mário Reis. A dignidade humana como *prius* axiomático. In: *Estudos em homenagem ao Prof. Doutor Jorge de Figueiredo Dias*. Op. cit. p.566.

tonomia moral frente a qualquer norma ou modelo de conduta que aliene ou transforme o indivíduo em objeto. Pois, conforme o entendimento kantiano de dignidade, o homem é concebido como um "fim em si mesmo", e jamais deve ser tratado como meio. Trata-se do reconhecimento do primado da pessoa sobre qualquer outro interesse[203].

Para Immanuel Kant, a dignidade funda-se essencialmente na capacidade do homem em autodeterminar-se, em poder agir em conformidade com certas leis, condição que só é possível em razão da sua natureza racional, própria da espécie humana. A partir desta premissa, desenvolve o imperativo que afirma a necessidade do agir tomando-se em consideração o homem sempre como fim e não como meio; já que, pela sua própria natureza, não pode ser tratado de outra forma, ou seja, não é passível de instrumentalização e não pode ser empregado como coisa, esta entendida como quaisquer seres ou formas irracionais, aos quais pode ser dado um preço.

A dignidade humana é compreendida como algo inerente ao ser humano, uma qualidade intrínseca que dele não pode ser destacada nem alienada. Assim, é um elemento que todos os seres humanos possuem, pelo simples fato de pertencerem à espécie. Na medida em que é consagrada como princípio fundamental de diversas ordens jurídicas, confere ao homem direitos que visam à sua expressão e que, portanto, devem ser reconhecidos e respeitados, tanto pelo Estado como pelos demais indivíduos[204].

A partir da Declaração Universal dos Direitos Humanos de 1948[205], o princípio da dignidade da pessoa humana foi expressamente reconhecido como orientador e fundamento da compreensão dos direitos humanos, passando, desde então, a ser adotado nas posteriores declarações internacionais e na quase totalidade dos textos constitucionais[206]. Tal declaração consagrou, ainda,

---

(203) "Ora, o homem, considerado como pessoa, isto é, como sujeito de uma razão prático-moral, está acima de todo o preço; pois, enquanto tal (*homo noumenon*), não se pode valorar só como meio para fins alheios, e até para os seus próprios fins, mas como fim em si mesmo, isto é, possui uma dignidade (um valor interno absoluto), graças à qual força ao respeito para com ele todos os demais seres racionais do mundo." KANT, Immanuel. *Metafísica dos costumes:* parte II — princípios metafísicos da doutrina da virtude. Lisboa: Edições 70, 2004. p. 73.
(204) SARLET, Ingo Wolfgang. *Dignidade da pessoa humana e direitos fundamentais na Constituição de 1988. Op. cit.* p.38.
(205) A Declaração Universal dos Direitos Humanos, em seu preâmbulo, assim dispõe: "considerando que o reconhecimento da dignidade inerente a todos os membros da família humana e de seus direitos iguais e inalienáveis é o fundamento da liberdade, da justiça e da paz no mundo". A seguir, em seu art. 1º, proclama que "todas as pessoas nascem livres e iguais em dignidade e direitos. São dotadas de razão e consciência e devem agir em relação umas às outras com espírito de fraternidade". UNESCO. *Declaração Universal dos Direitos Humanos.* Disponível em: <http://unesdoc.unesco.org/images/0013/001394/139423por.pdf>. Acesso em: 28 de jun. 2012.
(206) PIOVESAN, Flávia. *Direitos humanos e justiça internacional:* um estudo comparativo dos sistemas regionais europeu, interamericano e africano. São Paulo: Saraiva, 2006. p. 8.

o direito ao trabalho digno e, consequentemente, a dignidade do trabalhador como diretrizes basilares[207][208].

Logo, a dignidade do trabalhador e o direito ao trabalho digno representam pilares dos ordenamentos jurídicos, possuindo amparo nas normas constitucionais e nas normas internacionais de proteção aos direitos humanos. Trata-se do reconhecimento de que o trabalhador "é uma pessoa humana e um cidadão como qualquer outro membro da sociedade e não perde qualquer dessas condições por franquear a porta da empresa"[209].

7.2. DIREITOS FUNDAMENTAIS DO TRABALHADOR

A dignidade humana é um preceito que fortalece os efeitos de outros direitos e alcança ao mesmo tempo sua realização neles. Diz respeito a um mandamento que circunda todos os princípios relativos aos direitos e deveres da pessoa humana e à posição do Estado perante ela. Trata-se de um "princípio axiológico fundamental e limite transcendente do poder constituinte, dir-se-ia mesmo um *metaprincípio*"[210].

O valor da dignidade humana dá unidade de sentido ao sistema de direitos fundamentais[211]. Assim, os ordenamentos jurídicos português e brasileiro buscam conferir uma homogeneidade aos preceitos fundamentais por meio da concepção que faz do indivíduo a razão e fim da sociedade e do Estado. Isto é, em termos jurídico-constitucionais, a dignidade da pessoa humana é reconhecida como princí-

---

(207) Art. 23, 1, "Todo ser humano tem direito ao trabalho, à livre escolha de emprego, a condições justas e favoráveis de trabalho e à proteção contra o desemprego. 2. Todo ser humano, sem qualquer distinção, tem direito a igual remuneração por igual trabalho. 3. Todo ser humano que trabalhe tem direito a uma remuneração justa e satisfatória, que lhe assegure, assim como à sua família, uma existência compatível com a dignidade humana, e a que se acrescentarão, se necessário, outros meios de proteção social. [...]". UNESCO. *Declaração Universal dos Direitos Humanos. Op. cit.*
(208) A percepção dos direitos humanos fundou-se na afirmação da pessoa humana como "base substancial unívoca e forte" das sociedades ocidentais como resposta aos horrores ocorridos na II Guerra, os quais ocorreram dentro da mais estrita legalidade, já que as ações discriminatórias levadas a cabo no período eram legitimadas pelas leis, criadas e alteradas "ao sabor do poder estatal sem limites, ainda que fundado na vontade ou no consentimento das maiorias". ASCENSÃO, José de Oliveira. Pessoa, direitos fundamentais e direito da personalidade. In: DELGADO, Mário Luiz; ALVES, Jones Figueiredo. *Questões controvertidas*. Parte Geral do Código Civil. Série Grandes Temas de Direito Privado. São Paulo: Método, [s. d.]. v. 6, p. 106.
(209) PEREIRA, António Garcia. A grande e urgente tarefa da dogmática juslaboral: a constitucionalização das relações laborais. In: *V Congresso Nacional de Direito do Trabalho*. Coimbra: Almedina, 2002. p. 283.
(210) MIRANDA, Jorge. *Manual de direito constitucional*. Tomo IV. 4. ed. Coimbra: Coimbra Editora, 2008. p. 200.
(211) ANDRADE, José Carlos Vieira de. *Os direitos fundamentais na Constituição portuguesa de 1976*. 3. ed. Coimbra: Almedina, 2006. p.101.

pio basilar, assumindo o indivíduo como fundamento e limite do domínio político dos respectivos Estados.

Nesse sentido, toda a lei fundamental portuguesa é atingida pelo valor da dignidade da pessoa humana[212]. Pontua Gomes Canotilho que o princípio da dignidade da pessoa humana, bem como os demais direitos e garantias fundamentais, constituem-se na indispensável base antropológica constitucionalmente estruturante do Estado de Direito[213]. A constituição rege-se, assim, pelo valor da dignidade. É por ele permeada em todas as suas dimensões materiais e institucionais, concorrendo para a "concretização do princípio da igualdade num direito subjectivo público a um igual tratamento, análogo aos direitos, liberdades e garantias"[214].

Da mesma maneira, o pilar da Constituição da República Federativa do Brasil é a dignidade da pessoa humana, princípio norteador de toda a interpretação normativa, fundamento da vida em sociedade e que apoia todo o ordenamento jurídico[215]. Revela o mais primário de todos os direitos, garante a proteção da pessoa como último recurso, proclama a pessoa como fim e fundamento do Direito[216].

Eis que os direitos fundamentais carregam consigo, portanto, a própria ideia de dignidade. Se referem a um conjunto de bens indispensáveis ao desenvolvimento humano. Os "direitos fundamentais são prerrogativas ou vantagens jurídicas estruturantes da existência, afirmação e projeção da pessoa humana e de sua vida em sociedade"[217]. Não podem ser afastados dos trabalhadores, pois antes disso a pessoa é simultaneamente cidadão e operário[218].

A dignidade do trabalhador é, assim, garantida por meio do respeito dos direitos fundamentais da pessoa humana, nomeadamente do direito à igualdade, do

---

(212) Art. 1º, "Portugal é uma República soberana, baseada na dignidade da pessoa humana e na vontade popular e empenhada na construção de uma sociedade livre, justa e solidária". PORTUGAL. *Constituição da República Portuguesa. Op. cit.*
(213) CANOTILHO, José Joaquim Gomes. *Direito constitucional e teoria da Constituição*. 7. ed. Coimbra: Livraria Almedina, 2003. p. 248.
(214) MARTINS, João Nuno Zenha. *O genoma humano e a contratação laboral*: progresso ou fatalismo? *Op. cit.* p.25.
(215) Art. 1º, "A República Federativa do Brasil, formada pela união indissolúvel dos Estados e Municípios e do Distrito Federal, constitui-se em Estado democrático de direito e tem como fundamentos: III — a dignidade da pessoa humana". BRASIL. *Constituição da República Federativa do Brasil, 1988*. Disponível em: <www.planalto.gov.br>. Acesso em: 23 maio 2011.
(216) No contexto jurídico brasileiro, Nelson Nery e Rosa Maria destacam que tal princípio "não é apenas uma arma de argumentação, ou uma tábua de salvação para a complementação de interpretações possíveis de normas postas. Ele é a razão de ser do Direito. Ele se bastaria sozinho para estruturar o sistema jurídico". JUNIOR, Nelson Nery; NERY, Rosa Maria de Andrade. *Constituição federal comentada e legislação constitucional*. 2. ed. São Paulo: Revista dos Tribunais, 2009. p. 151.
(217) DELGADO, Mauricio Godinho. Direitos fundamentais na relação de trabalho. *Revista LTr*, São Paulo, v. 70, n. 06, p. 657, jun. 2006.
(218) GOMES, Júlio Manuel Vieira. *Direito do trabalho. Op. cit.* p. 265-266.

direito ao trabalho, dos direitos ao desenvolvimento da personalidade e à identidade genética, entre outros. Por meio de tais direitos, deve-se garantir ao indivíduo um trabalho que atenda aos princípios e garantias fundamentais, bem como as normas trabalhistas nacionais e internacionais. As oportunidades de emprego e ingresso no mercado de trabalho e, ainda, a proteção e a seguridade social a são os requisitos mínimos para realização de um trabalho digno[219] e a necessitam ser respeitados quando da análise dos testes genéticos no âmbito laboral.

7.2.1. Direito à igualdade

Historicamente, a igualdade surge no aspecto formal para que os homens sejam vistos de maneira equânime perante a lei. Entretanto, a própria lei que deve garantir a igualdade, em diversos momentos, ignora as diferenças ou então legaliza a discriminação[220], razão pela qual, posteriormente, nasce a ideia de igualdade material, que considera as diferenças e as disparidades no acesso às mesmas condições de vida. Em outras palavras, o entendimento inicial surgiu como um dos primeiros direitos humanos, ao colocar todos os homens num mesmo patamar de valor frente ao ordenamento jurídico, o entendimento de que "todos são iguais perante a lei", essencial para quebrar paradigmas de privilégios. O segundo sentido, realizado na igualdade material, veio posteriormente com o dever de equilibrar as condições de acesso dos indivíduos, pois a norma jurídica não enxerga as nuances sociais que afastam os indivíduos das oportunidades reais[221], sendo necessário reconhecer o desnível existente e corrigi-lo. Assim, deve-se tratar de forma igual o que é substancialmente idêntico e de maneira desigual aquilo que é substancialmente desigual, na devida proporção dessa desigualdade[222].

---

(219) Tais requisitos atendem aos objectivos estratégicos da Organização Internacional do Trabalho (OIT) para a constituição de um "Programa de Trabalho Decente", o que equivale a trabalho digno. RESENDE, Renato de Souza. "A centralidade do Direito ao Trabalho e a proteção jurídica do emprego". In: PIOVESAN, Flávia; CARVALHO, Luciana Paula Vaz de. *Direitos humanos e direito do trabalho. Op. cit.* p. 92.
(220) "A este propósito, o princípio da igualdade perante a lei não deve prestar-se a confusões: tomado no seu sentido minimal e restritivo, ele significa somente que uma vez que o legislador ('Príncipe', oligarquia ou maioria democrática) definiu, 'impôs' uma regra que confere vantagens a tal ou tal categoria de indivíduos, nenhum deles, se possuir manifestamente o atributo descrito na lei, pode ser privado dos ditos benefícios. [...] Portanto, se a lei prevê distinções entre Negros e Brancos quanto à fruição dos lugares públicos ou ao direito à educação, é perfeitamente legítimo, do ponto de vista puramente formal da igualdade perante a lei [...]". HAARSCHER, Guy. *A filosofia dos direitos do homem.* Lisboa: Instituto Piaget. 1993. p. 42.
(221) "A igualdade perante a lei oferecerá uma garantia bem insuficiente se não for acompanhada (ou não tiver também a natureza) de uma igualdade na própria lei, isto é, exigida ao próprio legislador relativamente ao conteúdo da lei". CASTANHEIRA NEVES, A. O instituto os "Assentos" e a função jurídica dos supremos tribunais. In: *Revista de legislação e jurisprudência.* Coimbra: Editora Coimbra, 1983. p. 166.
(222) "A regra da igualdade não consiste senão em quinhoar desigualmente aos desiguais, na medida em que se desigualam. Nesta desigualdade social, proporcionada à desigualdade natural, é que se

Pontua Gomes Canotilho que o princípio da igualdade consagrado destaca tanto uma "igualdade na aplicação do direito", a lei deve ser aplicada de igual forma independentemente do sujeito ao qual se destina, como também uma "igualdade quanto à criação do direito", o princípio vincula o legislador, exigindo a criação de normas que respeitem a igualdade entre os indivíduos, tratando de forma igual o que é igual e de modo desigual o que é desigual[223].

O direito à igualdade apresenta implicações importantes no âmbito do Direito do Trabalho, especialmente no que diz respeito à problemática do acesso ao emprego, uma vez que vincula as entidades patronais no momento da escolha do parceiro contratual, determinando a igualdade de tratamento e o combate à discriminação. Tal princípio obriga, ainda, a entidade patronal a tratar de modo equitativo seus empregados, não efetuando distinção no decorrer do contrato de trabalho que não seja por critério de tempo de serviço ou capacidade[224].

No Direito português, de forma que todos tenham o direito de não serem vítimas de tratamento jurídico arbitrariamente diferenciado, o princípio da igualdade foi consagrado no art. 13º da Constituição, o qual garante a todo cidadão a mesma dignidade social e o mesmo tratamento legal. *In verbis:*

1 — Todos os cidadãos têm a mesma dignidade social e são iguais perante a lei;

2 — Ninguém pode ser privilegiado, beneficiado, prejudicado, privado de qualquer direito ou isento de qualquer dever em razão de ascendência, sexo, raça, língua, território de origem, religião, convicções políticas ou ideológicas, instrução, situação económica, condição social ou orientação sexual."

Ressalte-se que essa Constituição enumera diversas razões pelas quais a diferenciação não pode ocorrer, entretanto não inclui a segregação por motivo de estrutura genética, o que de maneira alguma impede sua subsunção, visto que a enumeração da norma é apenas exemplificativa[225].

O princípio da igualdade é conceito indeterminado ou princípio de natureza aberta e a exemplificação utilizada fornece uma orientação interpretativa. Em ou-

---

acha a verdadeira lei da igualdade. O mais são desvarios da inveja, do orgulho, ou da loucura. Tratar com desigualdade a iguais, ou a desiguais com igualdade, seria desigualdade flagrante, e não igualdade real. Os apetites humanos conceberam inverter a norma universal da criação, pretendendo, não dar a cada um, na razão do que vale, mas atribuir o mesmo a todos, como se todos se equivalessem." BARBOSA, Rui. *Oração aos Moços.* Ed. Ridendo Castigat Mores. eBooks. Disponível em: <http://www.ebooksbrasil.org/eLibris/aosmocos.html>. Acesso em: 12 de abril 2012.
(223) CANOTILHO, José Joaquim Gomes. *Direito constitucional e teoria da Constituição. Op. cit.* p. 426.
(224) Nesse sentido, art. 7º, "c", do Pacto Internacional dos Direitos Econômicos, Sociais e Culturais de 1966, "Iguais oportunidades de promoção no trabalho à categoria superior que lhes corresponda, sem outras considerações que não sejam os factores de tempo de serviço e capacidade". PACTO INTERNACIONAL DOS DIREITOS ECONÓMICOS, SOCIAIS E CULTURAIS, 1966. Disponível em: <http://www.cidadevirtual.pt/cpr/asilo2/2pidesc.html#a7>. Acesso em: 27 abr. 2012.
(225) Nesse sentido, Stela Barbas destaca, "é certo que esta disposição não se reporta concretamente à discriminação em função do património genético, mas a enumeração da norma não é taxativa". BARBAS, Stela Marcos de Almeida Neves. *Direito do genoma humano. Op. cit.* p. 581.

tras palavras, não restringe o entendimento dos fatos, pelo contrário, possibilita o alargamento do princípio às novas questões sociais que se colocam[226]. Deve-se, assim, entender que os fatores elencados no art. 13º são meramente exemplificativos, "albergando também todas as causas que possam fundamentar uma conduta discriminatória. E isto quer nas relações entre o Estado e os particulares, quer nas relações entre particulares"[227]. A inadmissão de um indivíduo ou o despedimento do trabalhador com base na predisposição genética, evidencia a discriminação com fundamento nas caracteristicas herdadas[228].

Jorge Leite destaca, outrossim, que o princípio da igualdade não proíbe "todas as diferenciações de tratamento, mas apenas as que careçam de motivo suficiente na proporção da respectiva diferença". Isto é, tal princípio veda apenas o arbítrio, aquelas "diferenciações ou as indiferenciações não justificadas ou insuficientemente justificadas". Desse modo, não se confundem o princípio da igualdade com o preceito da não discriminação, apesar de possuírem conteúdos próximos e complementarem-se.

Salienta-se ainda o autor que

> com o pricípio da igualdade pretende-se que seja tratado de modo igual o que é igual e de modo diferente o que é desigual na proporção da respectiva diferença. Já, porém, com o princípio da não discriminação o que se pretende é que se trate de modo igual o que é diferente, por se entender que a diferença é totalmente irrelevante para os efeitos tidos em conta [229].

Dessa forma, o princípio da igualdade se distingue do preceito da não discriminação, pois enquanto aquele é amplo e geral, e busca impedir que os indivíduos recebam tratamento injusto por sua condição igual ou diferente, este atua na irrelevância das diferenças, que se tornam injustificáveis para um tratamento distinto.

No entanto, a regra geral da igualdade não torna inúteis as regras específicas contra a discriminação, pelas seguintes razões, conexas entre si: a primeira, a natureza dos bens tutelados; e a segunda, a consequente necessidade de um regime especial de prevenção contra as condutas que os violem. Além disso, a natureza

---

(226) Nesse sentido, Jorge Miranda ensina que "os factores de desigualdade inadmissíveis enunciados no art. 13º, n. 2, da Constituição são-no a título exemplificativo [...], de modo algum a título taxativo. Eles não são senão os mais flagrantemente recusados pelo legislador constituinte — tentando interpretar a consciência jurídica da comunidade; não são os únicos possíveis e, portanto, também não os únicos constitucionalmente insusceptíveis de alicerçar privilégios ou discriminações". MIRANDA, Jorge. *Manual de direito constitucional. Direitos fundamentais. Op. cit.* p. 254-255.
(227) CAMPOS, Júlia. Igualdade e não discriminação no direito do trabalho. In: *IV Congresso Nacional de Direito do Trabalho*. Coimbra: Almedina, 2002. p.285.
(228) MARTINS, João Nuno Zenha. *O genoma humano e a contratação laboral:* progresso ou fatalismo? *Op. cit.* p.37.
(229) LEITE, Jorge. Princípio da igualdade salarial entre homens e mulheres no direito português. In: PENIDO, Laís de Oliveira (coord.). *A igualdade dos gêneros nas relações de trabalho*. Brasília: Escola Superior do Ministério Público da União, 2006. p.19.

especial dos bens tutelados nos mandatos não discriminatórios possuem efeitos diversos da regra genérica da igualdade. São eles: maior exigência de fundamentação, maior interesse pelo resultado, diferente juízo das condutas discriminatórias, bem como diferente regime jurídico, nomeadamente no que diz respeito ao regime probatório e ao regime sancionatório[230].

A discriminação compreende toda a distinção, exclusão ou preferência fundada em características subjetivas que tenham como consequência destruir ou alterar a igualdade de oportunidades ou de tratamento em matéria de emprego ou profissão[231]. Discriminar no âmbito do contrato de trabalho consistirá na distinção ou exclusão feita pela entidade empregadora em função de fatores de diferenciação, com o objetivo de comprometer o exercício de direitos do indivíduo lesado em suas condições de igualdade, resultando, por conseguinte, a violação do princípio geral da igualdade de oportunidades no acesso ao trabalho[232].

7.2.2. Direito ao trabalho

A realização do direito ao trabalho impõe ao Estado a execução de uma política de pleno emprego e a imcubência de promover a igualdade de oportunidades na escolha de profissão e a não discriminação no acesso às profissões e cargos profissionais. Trata-se de realizar e manter um nível elevado e estável de emprego e favorecer a criação de postos de trabalho, bem como de garantir a liberdade de profissão e de gênero de trabalho, reforçando o princípio geral da igualdade e proibindo a discriminação em função de elementos injustificáveis[233], tais como, sexo, cor ou composição genética.

As dimensões de alcance do direito ao trabalho se realizam nas condições de acesso em posição de igualdade a cada profissão ou emprego. Desse modo, é necessário exigir uma prestação positiva do Estado no sentido de garantir a igualdade de oportunidades no momento da formação do vínculo laboral. No entanto, o destinatário do cumprimento dos direitos aqui reconhecidos não é somente o Estado, mas também as entidades patronais, as quais estão diretamente vinculadas pelos deveres de respeito e de observância à igualdade de tratamento e proibição de discriminação[234].

---

(230) Idem. p.12-14.
(231) CONFERÊNCIA GERAL DA ORGANIZAÇÃO INTERNACIONAL DO TRABALHO. Convenção n. 111 da OIT, sobre a Discriminação em Matéria de Emprego e Profissão de 25 de Junho de 1958. Art. 1º, n. 1.
(232) DRAY, Guilherme Machado. O princípio da igualdade no direito do trabalho. Coimbra: Livraria Almedina, 1999. p. 275.
(233) CANOTILHO, J. J. Gomes; MOREIRA, Vital. Constituição da República portuguesa anotada. 4. ed. Coimbra: Coimbra Editora, 2007. p. 764.
(234) Idem. p.771.

Rui Barbosa ensina que o acesso ao trabalho é condição *sine qua non* para que o indivíduo possa insurgir contra as condições que lhe foram impostas, seja pela natureza ou pela sociedade, e obter assim sua realização e desenvolvimento pessoal. Pois, "se a sociedade não pode igualar os que a natureza criou desiguais, cada um, nos limites da sua energia moral, pode reagir sobre as desigualdades nativas, pela educação, atividade e perseverança. Tal a missão do trabalho"[235].

No intuito de assegurar o direito ao trabalho, a constituição portuguesa destaca no art. 58º que,

1 — Todos têm direito ao trabalho.

2 — Para assegurar o direito ao trabalho, incumbe ao Estado promover:

a) A execução de políticas de pleno emprego;

b) A igualdade de oportunidades na escolha da profissão ou género de trabalho e condições para que não seja vedado ou limitado, em função do sexo, o acesso a quaisquer cargos, trabalho ou categorias profissionais;

c) A formação cultural e técnica e a valorização profissional dos trabalhadores[236].

Logo, o princípio da igualdade no acesso ao emprego, que veda práticas discriminatórias no âmbito laboral, se encontra assegurado. E mesmo com a possibilidade das partes em escolher livremente se contratam e com quem querem celebrar o vínculo laboral, princípio da liberdade contratual, os critérios de seleção do empregador não deverão nunca se basear em fatores discriminatórios, nomeadamente em função da composição genética.

Nesse sentido, o art. 59º da Constituição portuguesa proíbe a discriminação, ao asseverar que todos os trabalhadores, sem qualquer tipo de distinção, têm direito ao trabalho em condições dignas[237]. Reforça tal entendimento o elencado no art. 24º, n. 1 do Código do Trabalho de Portugal, com destaque para a proibição de discriminação em função do patrimônio genético da pessoa do trabalhador ou candidato a emprego.

No contexto brasileiro, José Afonso da Silva ressalta que o direito do trabalho tem sua origem no conjunto de normas constitucionais, pois já no art. 1º, IV, se

---

(235) BARBOSA, Rui. *Oração aos moços. Op. cit.*
(236) Art. 58º. PORTUGAL. *Constituição da República Portuguesa. Op. cit.*
(237) Art. 59º. "Todos os trabalhadores, sem distinção de idade, sexo, raça, cidadania, território de origem, religião, convicções políticas ou ideológicas, têm direito: a) À retribuição do trabalho, segundo a quantidade, natureza e qualidade, observando-se o princípio de que para trabalho igual salário igual, de forma a garantir uma existência condigna; b) A organização do trabalho em condições socialmente dignificantes, de forma a facultar a realização pessoal e a permitir a conciliação da actividade profissional com a vida familiar; c) A prestação do trabalho em condições de higiene, segurança e saúde; d) Ao repouso e aos lazeres, a um limite máximo da jornada de trabalho, ao descanso semanal e a férias periódicas pagas; e) À assistência material, quando involuntariamente se encontrem em situação de desemprego; f) A assistência e justa reparação, quando vítimas de acidente de trabalho ou de doença profissional. *Idem.*

declara que a República Federativa do Brasil tem como um de seus fundamentos os valores sociais do trabalho. E, a seguir, estatui-se que a ordem econômica se funda na valorização do trabalho, e que a ordem social tem como base o primado do trabalho. Tais preceitos têm como finalidade "reconhecer o direito social ao trabalho, como condição da efetividade da existência digna [...] e, portanto, da dignidade da pessoa humana, fundamento também da República"[238].

Por conseguinte, tem-se "o direito individual ao livre exercício de qualquer trabalho, ofício ou profissão, à orientação e formação profissionais, à livre escolha do trabalho, assim como o direito à relação de emprego". Ditames que visam, entre outras coisas, à melhoria das condições sociais dos trabalhadores e ao direito de acesso ao trabalho[239].

7.2.3. Direito à intimidade

O direito à intimidade está previsto na Constituição portuguesa no art. 26º, n.1, segundo o qual se garante a todos o direito à reserva da intimidade da vida privada e familiar. E na Constituição brasileira, no art. 5º, inciso X, o qual expressa a inviolabilidade da intimidade e da vida privada.

A informação genética faz parte da esfera privada pessoal. Neste sentido, faz-se necessário o esclarecimento sobre as diferenças existentes entre intimidade e privacidade. Isto é, a privacidade compreende todos os domínios da vida da pessoa que lhe são próprios e que lhe dizem respeito, incluindo a sua intimidade[240]. A intimidade, por sua vez, constitui o núcleo do direito à privacidade, que a partir dele é construído. É a parte mais privada da própria privacidade, por isso, dita íntima. Desse modo, tudo o que é íntimo é privado, mas nem tudo que é privado, é íntimo.

Em termos gerais, pode-se dizer que a intimidade diz respeito a aspectos que as pessoas guardam para si e que, em princípio, não são conhecidos por terceiros, somente revelados quando o indivíduo quer ou quando for estritamente necessário, casos em que, por vezes, não tem escolha, como as informações sobre saúde prestadas ao médico em uma situação de urgência.

Em sentido negativo, a esfera privada compreende tudo o que não faz parte do âmbito público[241]. Refere-se também a aspectos pessoais, mas é um pouco mais abrangente, tratando de todos os relacionamentos que o indivíduo mantém,

---

(238) SILVA, José Afonso da. *Curso de direito constitucional positivo.* 9. ed. São Paulo: Malheiros Editores, 1992. p. 261.
(239) *Idem, ibidem.*
(240) RIBEIRO, Diógenes V. Hassan. *Proteção da privacidade.* São Leopoldo: Unisinos, 2003. p. 18.
(241) FERREIRA FILHO, Manuel Gonçalves. *Comentários à Constituição brasileira de 1988.* 2. ed. São Paulo: Saraiva, 1997. p.48.

tanto com familiares e amigos quanto com terceiros, mas que também devem ser protegidos da interferência de indivíduos que não façam parte dessas relações. A perspectiva negativa do direito à intimidade configura-se como um direito à proteção da vida pessoal contra as ingerências de terceiros, que devem se abster de intervir sobre os aspectos individuais considerados de interesse estritamente pessoal.

Outro aspecto importante do direito à intimidade diz respeito à liberdade pessoal do indivíduo, no sentido de que aquela é essencial para o exercício desta, enquanto espaço para o desenvolvimento da autodeterminação pessoal e expressão do princípio da dignidade humana[242]. Sem a proteção do direito à intimidade, vital enquanto esfera em que se é livre para desenvolver a personalidade, o homem não conseguiria concretizar as aspirações dos demais direitos fundamentais, decorrentes do valor básico da dignidade. Isto porque o homem desfruta de

> uma dignidade tal na sua individualidade, na possibilidade de desenvolver a sua vida com liberdade, que por isso está acima da sociedade, esta que não pode impor o seu modelo, os padrões de vida que entende ideais, um pensamento único[243].

Assim, em termos de proteção, a intimidade recebe diversas garantias, admitindo apenas excepcionalmente intromissões no seu exercício, enquanto a esfera da privacidade, ainda que merecedora de ampla proteção, é um pouco mais maleável, admitindo maiores restrições pelas normas[244]. Nesse contexto, sustenta-se que as informações genéticas preditivas fazem parte da vida íntima, sublinhando um grau de proteção maior, que, em última instância, advém das próprias especificidades dos dados preditivos.

7.2.4. Direito ao desenvolvimento da personalidade e à identidade genética

Os direitos ao desenvolvimento da personalidade e à identidade genética estão expressamente previstos no art. 26º, ns. 1 e 3, da Constituição da República Portuguesa, que assim dispõe:

1. A todos são reconhecidos os direitos à identidade pessoal, ao desenvolvimento da personalidade, à capacidade civil, à cidadania, ao bom nome e reputação, à imagem, à palavra, à reserva da intimidade da vida privada e familiar e à protecção legal contra quaisquer formas de discriminação. [...]

3. A lei garantirá a dignidade pessoal e a identidade genética do ser humano, nomeadamente na criação, desenvolvimento e utilização das tecnologias e na experimentação científica[245].

---

(242) Idem. p. 294.
(243) RIBEIRO, Diógenes V. Hassan. *Proteção da privacidade. Op. cit.* p. 53-54.
(244) MIRANDA, Jorge. *Manual de direito constitucional. Tomo IV. Op. cit.* p. 290.
(245) Atenta à realidade social, a Constituição portuguesa garante a dignidade pessoal e a identida-

O direito à identidade genética pode ser compreendido em dois sentidos complementares: por um lado, é entendido como um direito de proteção dos indivíduos contra intervenções no seu genoma; por outro lado, é associado à ideia de autodeterminação pessoal, uma vez que, fazendo parte da própria constituição física do indivíduo, o genoma diz respeito à própria identidade pessoal. Assim, o direito à identidade genética pode ser remetido para o direito à própria identidade pessoal, que, por sua vez, pode ser mobilizado para fins de um direito ao desenvolvimento da personalidade.

O art. 26º apresenta-se como a sede fundamental do direito geral de personalidade, na medida em que contempla outros direitos pessoais além do direito à vida e à integridade pessoal, previstos nos dois artigos antecedentes e, conforme Jorge Miranda e Rui Medeiros,

> constitui expressão directa do postulado básico da dignidade humana [...], valor básico logicamente anterior à própria ideia do Estado de Direito democrático e que constitui referência primeira em matéria de direitos fundamentais[246].

O ordenamento constitucional brasileiro não dispõe expressamente sobre os direitos à identidade genética e ao desenvolvimento da personalidade, devendo ser visualizados a partir da cláusula aberta que permite a sua inserção como direitos fundamentais, mesmo que não expressamente previstos. A abertura a novos direitos fundamentais tem fundamento constitucional no art. 5º, § 2º, que assim dispõe:

> os direitos e garantias expressos nesta Constituição não excluem outros decorrentes do regime e dos princípios por ela adotados, ou dos tratados internacionais em que a República Federativa do Brasil seja parte[247].

Esta disposição traduz o entendimento de que, para além do conceito formal de Constituição, há um conceito material, ou seja, existem "direitos que, por seu conteúdo, por sua substância, pertencem ao corpo fundamental da Constituição de um Estado, mesmo não constando no catálogo"[248]. Assim, "existe um direito constitucional não escrito que, embora tenha na constituição escrita os fundamentos e limites, completa, desenvolve, vivifica o direito constitucional escrito"[249].

---

de genética do ser humano a partir da revisão constitucional de 1997, e torna-se uma das primeiras constituições do mundo a reconhecer expressamente a identidade genética do ser humano. Bernardo da Gama lobo Xavier, apud V. Otero. XAVIER, Bernardo da Gama Lobo. O acesso à informação genética. O caso particular das entidades empregadoras. *Revista de direito e de estudos sociais. Op. cit.* p. 15.
(246) MIRANDA, Jorge; MEDEIROS, Rui. *Constituição portuguesa anotada. Op. cit.* p. 284.
(247) BRASIL. *Constituição da República Federativa do Brasil, 1988. Op. cit.*
(248) SARLET, Ingo Wolfgang. *A eficácia dos direitos fundamentais*. 8. ed. Porto Alegre: Livraria do Advogado, 2007. p. 92.
(249) CANOTILHO, José Joaquim Gomes. *Direito constitucional e teoria da Constituição. Op. cit.* p. 1139.

Logo, a constituição material dá vida ao sistema, permitindo a evolução e a internalização das transformações sociais, as quais vão sendo percebidas e incorporadas, mesmo que ainda não expressamente previstas no texto formal. Trata-se de estabelecer um sistema aberto, no qual continuamente são incluídas as novas contingências sociais e culturais que vão se apresentando. Desse modo, o direito à identidade genética e o direito ao desenvolvimento da personalidade podem ser incluídos na categoria de direitos fundamentais na constituição brasileira.

Acrescenta-se que, a partir de uma interpretação sistemática da Constituição brasileira, nomeadamente com fundamento no princípio da dignidade humana, tem-se a disposição do art. 225, § 1º, inciso II, que prevê a preservação da diversidade e da integridade do patrimônio genético do país e fiscalização das entidades dedicadas à pesquisa e manipulação de material genético.

Sustenta Lora Alarcón que,

> na forma em que se encontra consagrada a proteção do patrimônio genético, de maneira genérica, ou seja, sem menção expressa ao patrimônio genético qualificado como humano, protege-se toda e qualquer espécie da biodiversidade brasileira e, como já sabemos, e é, de fato, inegável, o homem é arte e parte desta biodiversidade[250]

Por meio do entendimento segundo o qual a preservação da integridade do patrimônio genético do país inclui também a proteção da pessoa, pode-se argumentar no sentido de que o ordenamento jurídico brasileiro consagra expressamente uma garantia contra a ingerência no genoma humano. E, por conseguinte, defende o livre desenvolvimento do indivíduo, na medida em que a composição genética faz parte da própria constituição física e diz respeito à própria identidade pessoal.

---

(250) ALARCÓN, Pietro de Jesus Lora. *Patrimônio genético humano e sua proteção na Constituição Federal de 1988*. São Paulo: Método, 2004. p. 226. No sentido de que aplica esta norma à genética humana, DIAS, Edilberto de Castro. As implicações da clonagem humana. Disponível em: <http://jus.com.br/revista/texto/1853/implicacoes-legais-da-clonagem-humana> Acesso em: 29 mar. 2012. FARIAS, Paulo José Leite. "Limites Éticos e Jurídicos à Experimentação Genética em Seres Humano". Disponível em: <http://jus.com.br/revista/texto/1856/limites-eticos-e-juridicos-a-experimentacao-genetica-em-seres-humanos>. Acesso em: 29 mar. 2012. Em sentido contrário, João Loureiro ressalta que, "salvo melhor argumentação, esta leitura não procede: objecto de tutela constitucional é a biodiversidade, excluindo-se a genética humana. Repare-se que o direito a que se reporta este número é o 'direito ao meio ambiente ecologicamente equilibrado'. Mesmo que ainda assim não se entendesse e se alargasse o domínio de protecção à esfera do patrimônio genético humano, nem assim estaríamos perante um direito à intimidade genética". LOUREIRO, João Carlos Gonçalves. O direito à identidade genética do ser humano. Coimbra: *Stvdia Ivridica*, 40, 2000. p. 352.

CAPÍTULO 8

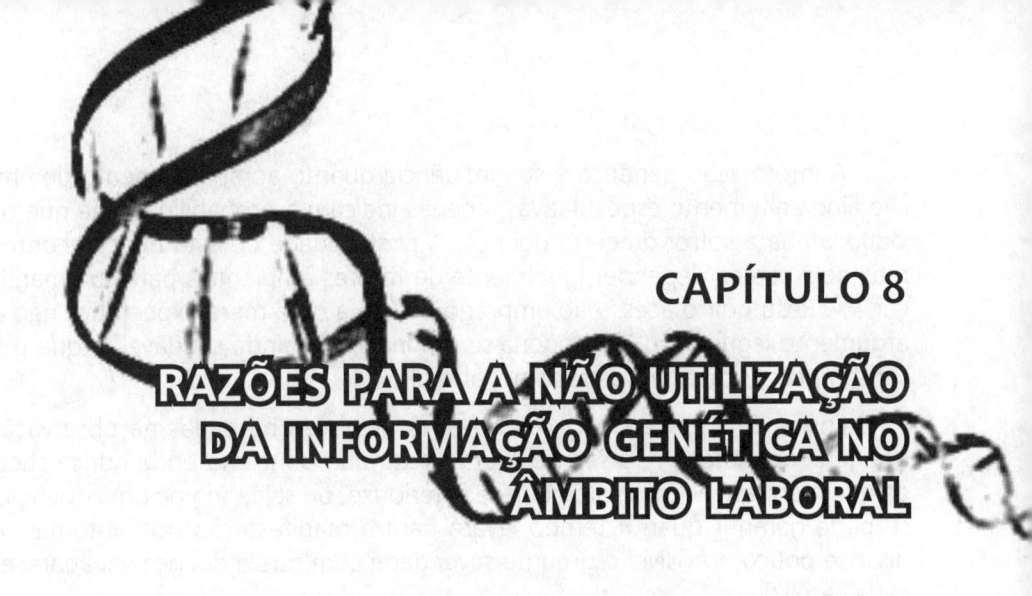

RAZÕES PARA A NÃO UTILIZAÇÃO DA INFORMAÇÃO GENÉTICA NO ÂMBITO LABORAL

8.1. RAZÕES PARA A NÃO UTILIZAÇÃO DA INFORMAÇÃO GENÉTICA NO ÂMBITO LABORAL

Após argumentação e exposição tanto dos fatos quanto dos fundamentos jurídicos que envolvem a utilização da informação genética pelas entidades patronais na relação laboral, é indispensável demonstrar objetivamente as razões pelas quais se entende que o trabalhador não deve ser exposto em sua intimidade genética perante seu empregador.

8.1.1. Caráter meramente probabilístico das predisposições genéticas

O primeiro argumento contra a utilização da informação genética no âmbito da relação de trabalho está fundamentado na própria ciência e nas suas incertezas. Nas predisposições genéticas, a interação entre os vários genes envolvidos e o ambiente ainda não foi suficientemente investigada, desse modo, não há a certeza absoluta de que a doença irá se manifestar[251].

Nas doenças multifatoriais, a detecção de um gene reconhecidamente associado a uma enfermidade influenciada pelo meio ambiente não garante o surgimento da doença. Ademais, a heterogeneidade genética implica que a característica possa revelar-se de maneira diferente de pessoa para pessoa, com influência ou não dos fatores ambientais[252]. O fator genético é importante, mas não absolutamente determinante. Faz-se necessária a conjugação de diversos elementos para produzir-se o resultado da afecção.

---

(251) U.S. DEPARTMENT OF HEALTH AND HUMAN SERVICES, Centers for Disease Control and Prevention, National Institute for Occupational Safety and Health. *Genetics in the workplace:* implications for occupational safety and health. Op. cit. p. 58.
(252) BARBAS, Stela Marcos de Almeida Neves. *Direito do genoma humano.* Op. cit. p. 594.

A informação genética e sua influência quanto ao aparecimento de um mal são ainda altamente especulativas, apenas indicam a probabilidade de que o indivíduo venha a sofrer de certa doença. A possibilidade de esta nunca acontecer é real, pois parece depender igualmente de fatores ambientais para sua manifestação[253]. Restringir o acesso ao emprego devido a uma mera expectativa não é um argumento legítimo, pois condena-se um indivíduo ainda saudável, e que poderá ser sempre assim, a um ostracismo laboral.

Ensina Guilherme De Oliveira que as previsões baseadas na observação de um gene defeituoso não são absolutas, visto que o mesmo pode nunca chegar a este se manifestar. Caso este gene se exteriorize, ou seja, origine uma doença, não se pode garantir quanto tempo levará para a manifestação dos sintomas. Além disso, é pouco previsível o grau de severidade com que a doença vai aparecer em cada caso[254].

Os perigos da utilização dos testes genéticos não estão somente em seu significado real, mas também em seu alegado sentido de prognóstico, isto devido ao fato de que se podem extrair conclusões errôneas das características genéticas investigadas em relação ao desenvolvimento da saúde da pessoa. Como dito, o conhecimento de uma predisposição não significa uma predestinação biológica, já que a maioria das enfermidades não é monogênica, mas sim multifatorial, e, desse modo, se manifesta unicamente quando a uma susceptibilidade se juntam fatores ambientais. Acrescente-se que não está claro que tipo de estrutura genética pode ser considerada defeituosa, pois o genoma de todo ser humano demonstra anormalidades[255].

Logo, a realização de teste genético como requisito de contratação laboral ou como condição de permanência do contrato de trabalho pode levar à exclusão de indivíduos que são, no momento, capacitados e que podem conservar-se assim por toda a vida profissional. O fato de possuir a predisposição genética não é garantia de que a doença se desenvolverá, e mesmo que ela se manifeste, não significa que gere a incapacidade laboral do trabalhador. Assim, não parece defensável negar emprego a pessoas portadoras de genes deficientes que poderão nunca chegar a se revelar[256].

---

(253) "O Livro da Vida revela que o papel do meio ambiente é ainda maior do que se imaginava. Não existem genes capazes de confirmar a tese de que o genoma é a fórmula secreta exclusiva da constituição do homem. Esta constatação permite, no meu entendimento, fazer a seguinte afirmação: mesmo que seja viável criar geneticamente dois indivíduos idênticos, as hipóteses de terem personalidade e comportamento iguais são nulas. Deste jeito, a essência da Humanidade tem que ser procurada não apenas no genoma mas, também, no meio ambiente e nas interações humanas. Como, aliás, já foi por mim sustentado na tese de Mestrado onde defendi a consagração do Direito ao património genético." *Idem.* p. 57.
(254) OLIVEIRA, Guilherme de. Implicações jurídicas do conhecimento do genoma. *Temas de direito da medicina. Op. cit.* p. 154.
(255) WIESE, Günther. Implicaciones del conocimiento genético en las relaciones laborales. *El derecho ante el proyecto genoma humano. Op. cit.* p. 262-264.
(256) BARBAS, Stela Marcos de Almeida Neves. *Direito do genoma humano. Op. cit.* p. 594.

8.1.2. Direito à intimidade genética

O direito à intimidade, enquanto direito de defesa, compreende não apenas uma perspectiva negativa, no sentido de impor um dever de abstenção a terceiros, mas também, devido às crescentes possibilidades de ingerências nesta seara, abrange uma dimensão positiva de proteção da intimidade.[257] Esta perspectiva inclui a faculdade ativa de controle sobre as informações de cunho íntimo, a fim de que, com isto, seja efetivamente garantida a sua proteção.

No que concerne aos dados genéticos preditivos, o direito à intimidade se apresenta em uma dimensão positiva que compreende o direito de determinar as condições de acesso à informação[258], decidindo quem pode conhecê-la e em que circunstâncias, um direito à autodeterminação informativa. Verifica-se, aqui, o caráter dinâmico do entendimento da intimidade enquanto manifestação da própria autonomia individual, na medida em que esta se expressa por meio de procedimentos, como o aconselhamento genético e o consentimento informado, os quais visam também à proteção da intimidade.

Todo o processo, que vai desde o aconselhamento até o consentimento, é pautado pelo dever de confidencialidade daqueles que, de alguma forma, têm acesso às informações preditivas, como os médicos e demais profissionais de saúde, bem como o empregador. Este dever subsiste mesmo após a realização dos testes e da revelação dos resultados, eis que para a sua divulgação ou utilização deve haver necessariamente a concordância daquele a quem dizem respeito[259].

O direito à intimidade genética é reconhecido em diversos textos normativos internacionais e nacionais, os quais afirmam a especialidade dos dados genéticos e o dever dos Estados em criarem mecanismos para a sua efetiva proteção. Nestes termos, a preservação da intimidade é sempre lembrada como estritamente necessária ao recolhimento, tratamento e utilização dos dados genéticos[260].

A proteção da intimidade abrange não apenas os resultados obtidos após a realização de testes genéticos, mas também o material biológico do qual se extrai esta informação[261]. Tal fato deve-se à consideração de que o genoma se encontra

---

(257) RODRIGUEZ, José Antonio Seoane. De la intimidad genética al derecho a la protección de datos genéticos (Parte I). *Revista de Derecho y Genoma Humano*, Bilbao, n. 16, p. 85, jan./jun. 2002.
(258) MIGUEL, Carlos Ruiz. La nueva frontera del derecho a la intimidad. *Revista de Derecho y Genoma Humano*, Bilbao, n. 4, p. 150, jan./jun. 2001.
(259) CORCOY, Mirentxu Bidasolo. Medicina predictiva y discriminación. *Cuadernos de la Fundació Victor Grifais i Lucas*, Barcelona, n. 4, p. 31, 2001.
(260) Nesse sentido, Convenção sobre os Direitos do Homem e a Biomedicina, artigo 10/1; Declaração Universal sobre o Genoma Humano e os Direitos Humanos, art. 7; Declaração Internacional sobre os Dados Genéticos Humanos, art. 14; e Declaração Universal sobre Bioética e Direitos Humanos, art. 9.
(261) MIGUEL, Carlos Ruiz. La nueva frontera del derecho a la intimidad. *Revista de Derecho y Genoma Humano. Op. cit.* p. 150.

nas células que, além de serem as menores partes que constituem o corpo humano, estão presentes em todas as partes dele. Logo, qualquer parte do corpo pode revelar a informação genética. Além disso, os dados genéticos "podem conter informações cuja importância não é necessariamente conhecida no momento em que são recolhidas as amostras biológicas"[262], mas que posteriormente venham a ter papel de destaque. Faz-se necessário, portanto, estender-se a proteção da intimidade a qualquer material biológico humano[263].

A necessidade de especial proteção e controle das informações genéticas preditivas deve-se, principalmente, ao seu potencial lesivo enquanto conhecimento sobre a intimidade de cada indivíduo. Além de trazer informações, não só sobre o presente, mas também sobre o futuro, pode ser considerada como uma das esferas mais íntimas do homem, já que o seu conhecimento por terceiros pode levar a estigmatizações e discriminações.

O simples interesse da entidade patronal em contratar o candidato mais adequado não justifica, por si só, a intromissão na vida íntima do indivíduo sob a forma compulsiva de um teste genético. Esses exames constituem, sem dúvida, significativa ameaça à privacidade genômica[264].

É dever do empregador e do trabalhador respeitar reciprocamente os direitos de personalidade da contraparte, em particular a reserva da intimidade e da vida privada. Este direito abrange não só o acesso, como a divulgação de aspectos atinentes à esfera íntima e pessoal, designadamente os relacionados com a vida familiar, afetiva e sexual, com o estado de saúde e com as convicções políticas e religiosas[265], bem como a informação genética.

A especificidade dos dados genéticos humanos pode ter um impacto significativo também sobre a família do sujeito analisado, incluindo a descendência, ao longo de várias gerações, e, em certos casos, sobre todo o grupo a que pertence a pessoa em causa.

A intimidade do trabalhador e dos seus familiares pode ser vilipendiada com a banalização dos testes genéticos na seara laboral. Uma única célula pode revelar

---

(262) Art. 4º, a, III. UNESCO. *Declaração internacional sobre os dados genéticos humanos. Op. cit.*
(263) SÁNCHEZ, Noélia Miguel. *Tratamiento de datos personales en el âmbito sanitario:* intimidad "versus" interés público. Valencia: Tirantlo Blanch, 2004. p. 124.
(264) BARBAS, Stela Marcos de Almeida Neves. *Direito do genoma humano. Op. cit.* p. 594.
(265) Art. 16º, "1 — O empregador e o trabalhador devem respeitar os direitos de personalidade da contraparte, cabendo-lhes, designadamente, guardar reserva quanto à intimidade da vida privada. 2 — O direito à reserva da intimidade da vida privada abrange quer o acesso, quer a divulgação de aspectos atinentes à esfera íntima e pessoal das partes, nomeadamente relacionados com a vida familiar, afectiva e sexual, com o estado de saúde e com as convicções políticas e religiosas". PORTUGAL. *Código do Trabalho. Op. cit.*

o genoma completo, não apenas do indivíduo em causa, mas também dos seus familiares, pois traz a herança genética daquela linhagem parental. Logo, as pessoas que podem ser afetadas pela utilização dos testes genéticos no âmbito do contrato de trabalho não se restringem aos trabalhadores ou candidatos ao emprego, mas abrange também seus familiares, cuja intimidade é afetada[266].

O trabalhador tem direito a preservar sua intimidade e a de seus familiares perante o empregador. Goza de uma proteção contra a ingerência indevida em seu patrimônio genético, assumindo que este não pertence apenas ao sujeito que labora, mas também à sua família. Isto é, a informação genética não se limita apenas ao trabalhador, mas o abrange como ser humano em sua vida e dignidade. "Na integridade do patrimônio genético está a privacidade própria e alheia."[267]

As características genéticas possuem uma combinação única em cada indivíduo, conferindo à pessoa a sua singularidade, identificando-o, daí falar-se em identidade genética. Não são, assim, apenas características hereditárias escondidas no âmago das células, mas, sobretudo, o mais íntimo dos patrimônios, o genético. Qualquer intromissão no direito à intimidade genética é ofensiva, principalmente aquela destinada a discriminar ou menosprezar o ser humano no âmbito laboral[268].

A entidade patronal só poderá invadir a esfera pessoal do trabalhador, impondo-lhe restrições ou exigindo-lhe outras ações ou omissões, quando isso lhe seja especificamente permitido, o que não é o caso da informação genética. Sustenta-se, assim, firmemente que a conduta do trabalhador que se recusa a submeter-se a um dos exames referidos não legitima, de modo algum, o exercício do poder disciplinar para realizá-lo.

Assim, vida privada e confidencialidade dos dados genéticos humanos associados a uma pessoa, uma família ou, se for o caso, um grupo identificável deverão ser protegidos pelo direito, em conformidade com aos direitos humanos, e não deverão ser comunicados nem tornados acessíveis a terceiros, em particular empregadores. A vida privada de um indivíduo que se submete a análise genética deverá ser protegida, e os dados, tratados como confidenciais. Além disso, os dados genéticos humanos nunca deverão ser conservados sob uma forma que permita identificar o indivíduo em causa por mais tempo que o necessário para alcançar os objetivos segundo os quais foram recolhidos[269].

---

(266) GOMES, Júlio Manuel Vieira. *Direito do trabalho. Op. cit.* p. 346.
(267) XAVIER, Bernardo da Gama Lobo. O acesso à informação genética. O caso particular das entidades empregadoras. *Revista de direito e de estudos sociais. Op. cit.* p. 15.
(268) YÁÑEZ, Gonzalo Figueroa. Informácion genética y Derecho a la identidad personal. In: BERGEL, S. D.; CANTÚ, J. M. (orgs.). *Bioetica y genética.* Buenos Aires: Ciudad Argentina, 2000. p. 139-140.
(269) Art. 14º. UNESCO. *Declaração internacional sobre dados genéticos humanos. Op. cit.*

8.1.3. Direito a não saber

O conhecimento das predisposições genéticas pode consubstanciar uma fonte de preocupação, de angústia, e mesmo de terror para a pessoa. Isto porque nem todas as enfermidades genéticas podem ser já tratadas ou prevenidas. Por vezes, ao indivíduo será preferível não se submeter a análise ou não saber dos resultados, exercendo, dessa maneira, o seu direito à ignorância genética, ou seja, o direito a não ser informado, se assim o desejar, sobre suas características mais íntimas. Visto que "o conhecimento genético só é bom à medida que o são as terapias que, idealmente, deveriam estar associadas a ele"[270].

A proteção da liberdade do trabalhador necessita que o indivíduo desfrute do "direito de não saber' qual é o seu patrimônio genético e que usufrua do correspondente direito de viver em paz, sem angústia resultante de qualquer doença anunciada e, porventura, incurável"[271]. Nestes casos, as assertivas populares "conhecimento é poder" e "ignorância é uma bênção" poderão ser igualmente utilizadas, dependendo do ponto de vista de cada um[272].

O direito à ignorância genética está intimamente ligado ao direito à identidade pessoal, ao direito à liberdade, ao direito à integridade física e moral e ao direito à reserva da intimidade da vida privada e familiar. Assim, a intimidade informativa ou autodeterminação informativa em geral e a genética em particular, garantem à pessoa um controle sobre seus dados, não se referindo somente à circulação externa, mas também à interior, plenamente compatível com sua vontade de não saber[273].

Respeitar o direito de cada pessoa de decidir se quer ou não ser informada sobre os resultados do exame genético e de suas consequências é dever da sociedade como um todo[274]. Além disso, o direito a não ser informado deverá ser

---

(270) MCLEAN, Sheila A. M. A regulamentação da nova genética. In: CASABONA, Carlos Maria Romeo (org.). *Biotecnologia, direito e bioética. Perspectivas em direito comparado*. Belo Horizonte: Del Rey, 2002. p. 149.
(271) AMADO, João Leal. Breve apontamento sobre a incidência da revolução genética no domínio juslaboral e a Lei n. 12/2005, de 26 de janeiro. *Questões Laborais. Op. cit.* p.115.
(272) CHADWICK, Ruth; LEVITT, Main; SHICKLE, Daren (eds.). *The Right to Know and the Right not to Know*. Aldershot UK / Brookfield USA: Ashgate, 1998/1999. p. 2-3.
(273) Nesse sentido, Juan José Fernández Domínguez "así pues, el individuo ha de poder decidir no sólo excluir a terceros del acceso a la información sobre las características que atañen a su esfera personal, sino también el grado de información que sobre su persona desea conocer, incluyendo el 'derecho a no saber". DOMÍNGUEZ, Juan José Fernández. *Pruebas genéticas en el derecho del trabajo. Op. cit.* p.128.
(274) Art. 5º, c, "Respeitar-se-á o direito de cada pessoa de decidir se quer, ou não, ser informada sobre os resultados do exame genético e de suas consequências". UNESCO. *Declaração universal sobre o genoma humano e direitos do homem. Op. cit.*

tornado extensivo aos familiares das pessoas que forem examinadas, pois também eles podem ser afetados pelos resultados[275].

8.1.4. Direito à mentira

O candidato a emprego ou trabalhador que conhecer o próprio patrimônio genético ou mesmo suspeitar da presença de alguma predisposição hereditária, pode ser questionado sobre esses dados pela entidade patronal. E, caso o empregador entenda que tal informação é elemento determinante da contratação ou permanência do trabalhador, pode ter o contrato de trabalho posto em causa, se o indivíduo se negar a fornecê-la.

Logo, faz-se necessário encontrar uma alternativa satisfatória para a proteção dos interesses da pessoa que se encontre nesta situação. Uma possibilidade é reconhecer ao indivíduo o direito de fornecer uma informação incorreta sobre sua saúde, em outras palavras, possibilitar o exercício de um "direito à mentira" frente às exigências abusivas ou ilícitas do empregador de dados sobre seu estado genético[276].

João Leal Amado ensina que a fase pré-contratual assume uma particular delicadeza em virtude da disparidade de poder entre os sujeitos contratantes, ou seja, da extrema vulnerabilidade em que se encontra o candidato a trabalhador nesse momento. Desse modo, quando lhe são colocas questões relativas à sua vida privada ou à sua saúde, o exercício do direito ao silêncio não será suficiente para garantir a proteção da vida privada e a prevenção de práticas discriminatórias, devendo reconhecer, assim, ao indivíduo um "direito à mentira"[277]. Defende, ainda, que tal possibilidade não é uma prática contrária à boa-fé, visto que esta "não manda responder com verdade a quem coloca questões ilegítimas e impertinentes"[278].

---

(275) Art. 10º, "Quando são recolhidos dados genéticos humanos, dados proteómicos ou amostras biológicas para fins de investigação médica e científica, as informações fornecidas na altura do consentimento deverão indicar que a pessoa em causa tem direito a decidir ser ou não informada dos resultados. Esta cláusula não se aplica à investigação sobre dados irreversivelmente dissociados de pessoas identificáveis nem a dados que não conduzam a conclusões individuais relativas às pessoas que participaram na referida investigação. Se necessário, o direito a não ser informado deverá ser tornado extensivo aos familiares identificados dessas pessoas que possam ser afectados pelos resultados". UNESCO. *Declaração internacional sobre dados genéticos humanos. Op. cit.*
(276) "[...] o ejercer su "derecho a mentir" (Recht zur Lüge) frente a la exigência abusiva o ilícita del empresário de datos sobre su estado genético, asumiendo la plena responsabilidad de tal actuación [...]." DOMÍNGUEZ, Juan José Fernández. *Pruebas genéticas en el derecho del trabajo. Op. cit.* p. 195.
(277) "Julga-se, pois, que neste tipo de casos, o único meio susceptível de preservar a possibilidade de acesso ao emprego e de prevenir práticas discriminatórias consiste em o trabalhador não se calar, antes dando ao empregador a resposta que ache que este pretende ouvir (e, assim, eventualmente, mentindo)." AMADO, João Leal. *Contrato de trabalho. Op. cit.* p. 180-181.
(278) *Idem.* p. 181.

O candidato a emprego ou trabalhador pode se ver diante de perguntas abusivas formuladas pelo empregador, indagações que vão contra os princípios da moral e do Direito, neste último caso, atingindo as garantias fundamentais do indivíduo. Ao deparar-se com indagações impertinentes sobre seu patrimônio genético, a pessoa tem o direito de inventar uma resposta falsa, da mesma forma que se comporta quando não considera admissível a formulação de determinados questionamentos sobre sua vida íntima, sem correr o risco de a entidade patronal anular o contrato de trabalho. Assim, a esfera pessoal do trabalhador está protegida pelo "direito à mentira" frente a pedidos invasivos de informação, como é a solicitação de dados genéticos no âmbito do contrato de trabalho.

Quanto ao momento da admissibilidade de respostas falsas, entende-se pela possibilidade de recurso ao "direito à mentira", tanto na fase pré-contratual quanto durante a execução do contrato. Pois, também no decurso da relação laboral o trabalhador poderá ser confrontado com questões ilegítimas e intrusivas, e caso se recuse a responder ou mantenha-se em silêncio, corre o risco de ver suas chances de promoções, transferências, gratificações e demais benesses serem desfeitas. De fato, "não faltarão ocasiões nem escassearão formas de prejudicar aquele trabalhador silente, que o empregador tenderá a considerar insolente"[(279)].

O objetivo superior da proteção laboral deve ser a melhoria das condições do ambiente de trabalho para evitar que se ponham em perigo os trabalhadores, não se deve nunca mudar o foco para a exclusão dos indivíduos devido às suas características genéticas. Por mais esta razão, o trabalhador tem o "direito à mentira" nas respostas às perguntas sobre sua constituição genética, quando formuladas pelo empregador. No entanto, deve-se destacar que esse "direito à mentira" apenas existe em face de questões que agridam os direitos e princípios jurídicos, como o questionamento sobre a composição genética pessoal agride o direito à intimidade. Caso não responda com verdade a perguntas legítimas e pertinentes, o candidato a emprego ou trabalhador sujeitar-se-á às devidas consequências.

8.1.5. Direito ao trabalho

O direito ao trabalho exige a aplicação de planos de pleno emprego e a garantia da igualdade de oportunidades na escolha de profissão ou gênero de trabalho. A obrigação estatal reside em promover medidas tendentes ao combate à discriminação, de modo a fomentar a igualdade de acesso ao emprego a todos os indivíduos.

---

(279) *Idem, ibidem.* Em sentido contrário, Sara Costa Apostolides defende a admissibilidade do "direito à mentira" somente no processo de formação do contrato, por entender que o risco de discriminação não se coloca no momento posterior ao da celebração do contrato de trabalho. APOSTOLIDES, Sara Costa. *Do dever pré-contratual de informação e da sua aplicabilidade na formação do contrato de trabalho.* Coimbra: Almedina, 2008. p. 257.

A informação derivada do genoma do trabalhador permite o conhecimento de dados relevantes para o acesso ao emprego e para a manutenção da relação laboral. Se a informação genética demonstra qualidades favoráveis ao trabalho, pode favorecer a contratação de um aspirante ao emprego, mas se os dados são em sentido contrário, acaba com a possibilidade de se formar o vínculo de trabalho. A busca pelo aumento da produtividade será sempre fator relevante para contratar o trabalhador mais "apto", e negar aos menos "adaptados" o acesso aos postos de trabalho[280]. Qualquer pessoa que se encontre acima do fator médio de risco, a padecer no futuro de uma enfermidade que a incapacite para o trabalho, terá verdadeiros problemas para conseguir um emprego se os empregadores conhecerem o seu estado de saúde[281].

O trabalho é necessário para a realização pessoal e para a integração do indivíduo na sociedade, pois a civilização atual é a "civilização do trabalho, porquanto nasce, desenvolve-se e progride no trabalho"[282]. A existência humana depende do trabalho. Para a vasta maioria da população, este é a principal fonte de rendimento e de sobrevivência. "Negar trabalho por razões não de incapacidade, mas de mera predição de doenças futuras ou predisposições, representa uma forte discriminação"[283].

Exigir que um candidato a emprego ou trabalhador se submeta a testes genéticos e, em função do resultado da análise do seu genoma, admitir a recusa da concessão de trabalho por causa da previsão de simples predisposições em pessoas presentemente aptas consubstancia violação do direito ao trabalho. O emprego não deve ser negado por causa da predição de eventuais doenças futuras, pois criará uma classe de pessoas que, sendo presentemente aptas para o trabalho, ficarão afastadas do emprego. Esta discriminação é injusta para o indivíduo e pesada para a sociedade, uma vez que essas pessoas terão de ser sustentadas pelo erário público e os cálculos demostram que o custo será mais elevado para a sociedade do que para um empregador que as admita ao trabalho[284].

Dar-se-á início à criação de classes de saudáveis doentes[285], ou seja, pessoas que, ao deixarem de poder trabalhar, tornar-se-ão um fardo, um peso para a

---

(280) BRAVO-FERRER, Miguel Rodríguez Piñero y. *Implicaciones del conocimiento genetico en las relaciones laborales*. El derecho ante el proyecto genoma humano. Bilbao: Fundación BBV, 1994. p. 286. V. IV
(281) GUILLOD, Dominique Sprumont Oliver. *Implicaciones del conocimiento genetico en las relaciones laborales*. El derecho ante el proyecto genoma humano. Bilbao: Fundación BBV, 1994. p. 345-346. V. IV
(282) BATTAGLIA, Felice. *Filosofia do trabalho*. São Paulo: Saraiva, 1958. p. 15.
(283) ARCHER, Luís. *Da genética à bioética*. Op. cit. p. 193.
(284) Idem, ibidem.
(285) "la utiliziación de diagnósticos genéticos predictivos puede dar lugar también a una nuevo grupo de individuos. Nuevo e irreal pues nos referimos a individuos que no son propriamente enfermos, que no están realmente enfermos, pero que comenzarán a ser discriminados antes de que se manifieste su genótipo." RUIZ, Javier Blázquez. *Derechos humanos y proyecto genoma*. Granada: Editorial Comares, 1999. p. 169.

comunidade, aumentando, principalmente, os encargos da segurança social. Configuram-se duas alternativas possíveis neste caso. São elas: sustentar as pessoas presentemente capazes de trabalhar; ou entender que, apesar de a análise do genoma demonstrar uma predisposição para uma doença, a pessoa deve trabalhar, e apenas caso aquela se manifeste, ficar dependente da segurança social. Neste sentido, ressalta Stela Barbas que,

> numa óptica macroeconómica parece mais correcta esta última opção. A primeira hipótese implica, desde logo, um aumento das despesas sociais em virtude do alargamento do período de assistência[286].

Apesar de a sociedade fornecer prestações por desemprego e assistência social, a pessoa somente desenvolve sua verdadeira personalidade e adquire um nível de vida material adequado quando tem um emprego. Assim, afasta-se a possibilidade de se negar trabalho alegando razões que dizem respeito à predisposição genética, pois as inevitáveis consequências, como discriminação e estigmatização, serão demasiado pesadas, tanto para o indivíduo quanto para a sociedade[287].

8.1.6. Discriminação genética

A utilização dos testes genéticos, em sede de contratação laboral ou de execução do contrato de trabalho, pode reduzir o trabalhador ou candidato a emprego à sua dimensão genética[288], com todas as discriminações inerentes. Indivíduos que apresentem propensão a desenvolver uma doença que possa vir a atrapalhar seu desempenho na execução laboral serão descartados e rotulados como incapazes. A discriminação por razões de simples predisposições acarreta um determinismo social negativo. A primeira decorrência é a criação de grupos de indivíduos discriminados, estigmatizados, impossibilitados de aceder ao mercado de trabalho.

Ao apresentar uma susceptibilidade e ser considerado "doente", o indivíduo será preterido a outra pessoa considerada "normal", isto é, que não apresente distúrbios genéticos, ou, ainda, terá o valor de seu contrato de seguro majorado pelo mesmo motivo. Tais consequências sociais se referem à discriminação que o indivíduo pode sofrer pelo simples fato de ser portador de uma mutação genética.

---

(286) BARBAS, Stela Marcos de Almeida Neves. *Direito do genoma humano. Op. cit.*, p. 599.
(287) WIESE, Günther. *Implicaciones del conocimiento genético en las relaciones laborales.* El derecho ante el proyecto genoma humano. *Op. cit.* p.264.
(288) Art. 3º, "Cada indivíduo tem uma constituição genética característica. No entanto, não se pode reduzir a identidade de uma pessoa a características genéticas, uma vez que ela é constituída pela intervenção de complexos factores educativos, ambientais e pessoais, bem como de relações afectivas, sociais, espirituais e culturais com outros indivíduos, e implica um elemento de liberdade". UNESCO. *Declaração internacional sobre dados genéticos humanos. Op. cit.*

Há, portanto, o perigo de que o conhecimento preditivo leve "à transformação de um 'risco genético' na própria doença, alterando perigosamente os conceitos de 'normal' e de 'patológico', [...], com suas consequências indesejáveis de toda ordem, especialmente sociais"[289].

Os riscos de estigmatização e discriminação em razão do patrimônio genético, no âmbito do contrato de trabalho, são reais[290]. Todo aquele que por um critério mais ou menos arbitrário seja considerado inapto terá apenas, como hipótese derradeira, que tentar encontrar outra profissão. Aquela que sempre desejou está, à partida, vedada. Nunca terá permissão, autorização para exercê-la. Ou seja, mesmo em sociedades que se proclamam livres e democráticas, o ser humano tornar-se-á prisioneiro do seu próprio genoma[291].

Acrescenta-se, ainda, que certas doenças genéticas estão fortemente associadas a determinados grupos humanos[292] e as análises genéticas são uma forma indireta de discriminação de grupos ou minorias étnicas mais susceptíveis a contrair determinadas doenças.

---

(289) GARRAFA, Volnei; COSTA, Sérgio Ibiapina F.; OSELKA, Gabriel. A bioética no século XXI. In: GARRAFA, Volnei; COSTA, Sérgio Ibiapina F. (orgs.). *A bioética no século XXI*. Brasília: Editora UnB, 2000. p. 18.
(290) "Esta exclusión y discriminación na es todavia una prática extendida pero tampoco es una versión hipotética; actualmente en vários países se discrimina rechazando al trabajador o trabajadora, o se discrimina al negarle los benefícios de la seguridade con motivo de los resultados de pruebas genéticas." VILLALOBOS, Patricia Kurczyn. El trabajador frente al genoma humano. In: MEDRANO, Marcia Muñoz de Alba. (coord.). *Reflexiones en torno al derecho genómico*. Universidad Nacional Autonoma de México, 2002. p. 178-179.
(291) Sobre o assunto, recomenda-se assistir ao filme *Gattaca* que baseia-se em preocupações sobre as tecnologias reprodutivas que facilitam a eugenia e as possíveis consequências de tais desenvolvimentos tecnológicos para a sociedade. A narrativa tem como centro da análise a vitória de Vincent — personagem desempenhada por Ethan Hawke — sobre a estrutura social dominante e a forma como este personagem consegue ludibriar todo um sistema baseado na estrutura de estratificação social-biológica. O nome *Gattaca*, foi criado a partir das iniciais das quatro substâncias que compõem o DNA; as cadeias nitrogenadas Timina (T), Citosina (C), Guanina (G) e Adenina (A). O filme chama a atenção para a racionalização da importância da genética na construção do ser humano. Realça que cada pessoa é o resultado das interacções complexas entre o seu patrimônio genético e o meio, sendo este determinante no desenvolvimento da personalidade e competências do indivíduo. Desta forma, a única coisa que se pode determinar pela análise do genoma é o potencial do indivíduo, mas, devido à importância do meio, pode ser uma análise falaciosa e perigosa, como atesta o filme. Numa altura em que a genética está na ordem do dia, é importante ter sempre presente esta noção para não se deixar deslumbrar ao ponto de construir uma sociedade discriminatória e injusta para a qual o filme tenta alertar. *Gattaca*. Produção de Andrew Niccol. Columbia Pictures,1997.
(292) "Certas formas de anemia afectam sobretudo indivíduos de origem africana e um gene associado como o cancro da mama, o BRCA 1, encontra-se sobretudo entre mulheres de origem judia ashkenazi (o mesmo, de resto, se passaria com outra genética, a doença de Tay Sach)." GOMES, Júlio Manuel Vieira. *Direito do trabalho. Op. cit.* p. 347.

Júlio Gomes ensina que,

> a discriminação genética é análoga à discriminação racial ou sexual (pelo menos em função do gênero) uma vez que o indivíduo não tem qualquer controlo sobre os aspectos da sua composição genética, a qual faz parte, por assim dizer, do seu 'destino' segundo a 'loteria genética' ou da sua personalidade[293].

Dessa maneira, os testes genéticos não devem ser usados nas decisões de contratação, porque possuem a forte tendência de impactar de maneira diferente certos grupos étnicos. A lei tem tradicionalmente visto com desagrado qualquer diferenciação no tratamento com base em características imutáveis como cor, raça ou sexo. A predisposição genética ou ambientalmente induzida de uma pessoa à doença ocupacional, que não afeta a capacidade presente para executar o trabalho, não deve ser autorizada a resultar automaticamente em uma decisão adversa quanto ao acesso ao emprego. A permissão da utilização dos testes genéticos em sede laboral fará com que as empresa deixem de contratar candidatos que apresentem resultado positivo para a manifestação de uma doença futura, selecionará apenas aqueles que, de acordo com as suas características hereditárias, se apresentem mais aptos àquele trabalho[294].

As práticas discriminatórias em função das caracteristicas genéticas já acontecem[295] e tendem a se expandir. O interesse na despistagem genética cresce no meio empresarial e o acesso a tal recurso se torna cada dia mais fácil com a queda nos custos de realização dos testes genéticos. A aplicação maciça dos exames genéticos pode levar à criação de grupos de "desempregados genéticos"[296], pessoas que ficarão à porta do mercado de trabalho. Tudo isso sem uma fundamentação racional, pois a presença de um gene para determinada doença não significa sua manifestação.

João Martins destaca que um indivíduo com genes que lhe rendem uma predisposição aumentada para uma doença,

---

(293) *Idem, ibidem.*
(294) CASABONA, Carlos Maria Romeo. *Los genes y sus leyes:* el derecho ante el genoma humano. *Op. cit.* p. 77.
(295) Reforça a argumentação o caso emblemático que sucedeu na Força Aérea Norte-americana, que sujeitou todos os seus membros de raça negra a uma análise genética que visava o despiste de uma forma de anemia, geneticamente determinada, de prognostico muito reservado frequentemente nos negros americanos oriundos de determinadas zonas do continente africano, de forma a que, se o resultado fosse positivo, seriam automaticamente excluídos de determinados postos de trabalho. Durante dez anos ficou vedado o acesso dessas pessoas ao posto de piloto da força aérea. Calcula-se que o percentual dos portadores do gene da anemia falciforme nos Estados Unidos é de um em cada oito negros. MARTINS, João Nuno Zenha. *O genoma humano e a contratação laboral:* progresso ou fatalismo? *Op. cit.* p. 20.
(296) "*No en balde se vuelve a hablar en este contexto de la aparición de 'listas negras' de nuevo tipo para los trabajadores 'incontratables' por razones genéticas.*" DOMÍNGUEZ, Juan José Fernández. *Pruebas genéticas en el derecho del trabajo. Op. cit.* p.15.

será considerado *anormal* sem que haja qualquer fundamento plausível para tal *rotulagem* e sem que apresente qualquer *capítis diminutio* para o exercício da função laboral a que se candidata. Haveria assim um cortejo de pessoas inferiores[297].

Nesse contexto, um novo tipo de *darwinismo* está a ser criado. Aplicar-se-á, assim, ao homem uma seleção intencional equivalente à seleção natural que o ambiente provoca nas plantas e nos animais de molde a se construir uma aristocracia biológica hereditária. O conceito de Darwin de supremacia e de sobrevivência do mais forte pode dar respaldo à discriminação genética. O perigo de redução da pessoa à sua dimensão genética é evidente. Deve-se, então, garantir a todo indivíduo o respeito à sua dignidade e aos seus direitos fundamentais, independentemente de suas características genéticas. A dignidade torna imperativo o respeito à singularidade e à diversidade genética da pessoa do trabalhador.

Cabe ainda ressaltar que, o rastreio de doenças genéticas, ou seja, a busca por trabalhadores mais resistentes, não pode transformar-se num mecanismo de diminuição dos custos das empresas. Devem tais entidades preocupar-se antes com a melhoria das condições da atmosfera de trabalho, cumprindo as obrigações legais de melhoria da saúde dos trabalhadores, com atenção às manifestações de doenças, principalmente as relacionadas com as condições de trabalho.

Um dos riscos da legitimação dos testes genéticos é a sua utilização pelos empregadores para encontrar trabalhadores mais resistentes, mais tolerantes a certas substâncias. Isto é, ao invés de reduzir a toxidade, a quantidade e a extensão de substâncias perigosas no ambiente em que os trabalhadores estão presentes, as entidades patronais irão apenas selecionar indivíduos que não são afetados pelo meio ambiente. Caminho oposto à proposta de utilizar esta forma de conhecimento do indivíduo para melhorar a saúde e qualidade de vida das pessoas[298]. Além disso, a exposição por longos períodos a determinadas substâncias afeta até mesmo os indivíduos que inicialmente se demonstram insusceptíveis.

Guilherme de Oliveira ensina que,

> se há raramente um trabalhador hipersensível, que pode sofrer mais do que é vulgar, o certo é que a presença de agentes agressivos nos

---

(297) MARTINS, João Nuno Zenha. *O genoma humano e a contratação laboral:* progresso ou fatalismo? *Op. cit.* p. 21.
(298) Nesse sentido, João Nuno Zenha Martins pontua que "Em boa verdade, o pragmatismo empresarial favorecerá o aparecimento de situações discriminatórias, que sobrepujarão os casos em que o empregador recorrerá à melhoria dos dispositivos de segurança e higiene laborais, sendo mais cômoda a manutenção de contratos ou contratação de pessoas menos vulneráveis a tais substâncias químicas e que apresentem maiores índices de robustez física possibilitantes de prestação laboral mais afectiva". MARTINS, João Nuno Zenha. *O genoma humano e a contratação laboral:* progresso ou fatalismo? *Op. cit.* p. 20.

locais de trabalho prejudica todos, ainda que a constituição genética da maioria não conduza à generalização dos sintomas patológicos[299].

O contato, por exemplo, com substâncias cancerígenas é capaz de efetivamente provocar essa doença, mesmo que não haja, em princípio, qualquer predisposição genética. Revela-se, assim, perigoso rotular o trabalhador como tolerante ou resistente a certas atividades, porque, como visto, isso pode trazer consequências desastrosas à sua integridade física.

A discriminação genética no contexto laboral terá graves efeitos sociais, imprimindo nas pessoas a ideia falsa da existência de genomas imaculados ou mais desenvolvidos, influenciando as opções reprodutivas, com o objetivo de procriação exclusiva de pessoas com o genoma procurado pelo mercado. Assim, a longo prazo, ter-se-á a utilização de práticas eugênicas[300].

Trata-se da efetivação do "mito da saúde perfeita", que determinará as opções reprodutivas das pessoas. Já hoje são eliminados diversos embriões, não

---

(299) OLIVEIRA, Guilherme de. *Implicações jurídicas do conhecimento do genoma*. Temas de direito da medicina. *Op. cit.* p. 154
(300) O termo eugenia, introduzido por Francis Galton, em 1883, refere-se à melhoria de uma população pela seleção apenas dos "melhores" para a reprodução. Os criadores de plantas e animais seguiram esta prática desde épocas antigas. No Final do século XIX, Galton e outros começaram a promover a ideia de usar cruzamentos seletivos para melhorar a espécie humana, iniciando, assim, o chamado movimento eugenista, que foi amplamente defendido pela metade do século seguinte. As chamadas qualidades ideais que o movimento da eugenia procurava para promover o encorajamento de alguns tipos de reproduções humanas frequentemente eram definidos por preconceitos sociais, étnicos e econômicos e alimentaram os sentimentos anti-imigração e racial na sociedade. Por exemplo, foram cometidos enormes excessos nos EUA durante a primeira metade do século XX, quando foi feita a esterilização involuntária baseada em leis que apoiavam a eugenia. O que hoje considera-se falta de instrução foi descrito na época como "debilidade mental" familiar. O que hoje denomina-se pobreza rural foi considerado pelos eugenistas como uma "incapacidade" hereditária. Embora muitos cientistas tenham começado a apreciar as dificuldades teóricas e práticas dos programas de eugenia, ela só se tornou totalmente desacreditada quando foi usada na Alemanha nazista como justificativa para o extermínio em massa. Existem duas grandes dificuldades no planejamento de um programa de eugenia: primeiro, o problema científico de determinar que características são verdadeiramente herdáveis e até que ponto a hereditariedade contribui para uma característica, e segundo, as questões éticas insolúveis envolvidas na determinação de quem decidirá quando uma característica é mais desejável que a outra e como o comportamento reprodutivo pode ser influenciado no desenvolvimento de um programa eugênico. A grande maioria das características humanas, mesmo aquelas com algum componente genético, é de herança complexa e fortemente influenciada por fatores ambientais. Um enfoque puramente genético para modificar a incidência de tais doenças que ignore os fatores ambientais será muito restritivo. Também é muito provável que a simples restrição da reprodução de pessoas com fenótipos indesejáveis, que são de herança complexa, possa ter pouco ou nenhum efeito demonstrável no fenótipo indesejável. Igualmente importante, não está claro como pode-se balancear a autonomia e os direitos de privacidade individual com as legítimas preocupações de saúde pública sem subordinar a pessoa a metas sociais teóricas de "melhoria do conjunto gênico". Este último conceito é uma meta totalitária não muito distante da doutrina nazista de higiene racial. THOMPSON, James; THOMPSON, Margaret. *Genética médica. Op. cit.* p. 348.

só por possuírem traços genéticos que provocam doenças graves, mas também por estarem susceptíveis a enfermidades menores ou até mesmo pela presença de genes de predisposição para uma doença de manifestação tardia. Num futuro próximo, esta "limpeza genética" pode ser cada vez mais difundida pelas necessidades das entidades patronais, situação que põe graves problemas éticos, mesmo para quem possa não atribuir valor ao embrião[301].

Nesse sentido, Stela Barbas salienta que a lei da oferta e procura pode fixar quais os seres humanos que devem ser "produzidos" para suprir as necessidades do mercado e quais devem ser descartados, por não consubstanciarem um objeto válido para aquele. Lança, então, questionamentos inquietantes sobre um possível futuro com a reedição do eugenismo:

> O candidato ao emprego que não foi admitido ou o trabalhador que foi despedido ficando sem meios de subsistência, não se verá coagido a ter menos filhos?!... Quem correrá o risco de ter um filho que padeça da mesma deficiência genética e, que, posteriormente, também, será banido do mercado de trabalho?!... Os bebés passarão a ser previamente analisados e seleccionados em função do seu genoma? Eliminados se tiverem as deficiências genéticas dos pais?!... [...] O mercado é que define os critérios para uma boa força laboral? Procriação exclusiva de pessoas com o genoma procurado pelo mercado?!...[302]

Assim, a informação genética pode ser utilizada por aquele que se submeteu ao teste genético de forma a influenciar suas futuras decisões pessoais, nomeadamente no que diz respeito à reprodução. É preocupante que a opção nesta matéria seja influenciada por algo que, parecendo certo, é impreciso, uma vez que "a informação genética não prognostica, nem pode prognosticar, a gravidade do transtorno que uma criança vai sofrer no futuro", nem revela, e nem pode fazê-lo, o momento em que vai-se manifestar[303].

---

(301) ARCHER, Luís. *Da genética à bioética. Op. cit.* p. 185.
(302) BARBAS, Stela Marcos de Almeida Neves. *Direito do genoma humano. Op. cit.* p. 599.
(303) MCLEAN, Sheila A. M. A regulamentação da nova genética. In: CASABONA, Carlos Maria Romeo (org.). *Biotecnologia, direito e bioética. Perspectivas em direito comparado. Op. cit.* p. 149.

CONCLUSÃO

A decodificação do genoma humano significou o fim de uma etapa e o início de outra, na qual se pretende explicar as complexas formas de interações dos genes entre si e destes com o ambiente. Assim, as maiores promessas estão no campo das ciências médicas, nomeadamente na medicina preditiva capaz de diagnosticar doenças antes mesmo do aparecimento dos primeiros sintomas.

Simultânea às promessas está a realidade que indica não só benefícios, mas também riscos decorrentes desse tipo de conhecimento. O perigo de reducionismo genético, por meio da demasiada valorização do papel dos genes no processo da saúde e da doença, é real. A realização dos testes genéticos exige cautela, a fim de que se entenda corretamente os seus resultados e as consequências advindas desse tipo de informação.

A análise genética revela desde os traços hereditários do sujeito até a sua predisposição para doenças, bem como explicita os dados a respeito dos seus familiares biológicos. Trata-se da exposição mais íntima do ser humano, de informação de caráter sensível, e, como tal, carecedora de proteção. A divulgação desse conjunto de dados terá reflexos indesejáveis, principalmente quando utilizado de forma irresponsável ou arbitrária por terceiros, transformando-se num fator de discriminação e estigmatização do indivíduo e, por conseguinte, de ofensa à dignidade e aos direitos fundamentais.

A dignidade humana assume, assim, especial relevância na discussão sobre a utilização dos testes genéticos no âmbito da relação de trabalho, sendo ponto crucial das considerações desde o modelo principiológico até os desenvolvimentos a respeito dos direitos fundamentais, dando significado a todos eles. Em termos dogmáticos-constitucionais, a dignidade é valor essencial para o Estado, com reflexos em todo o sistema jurídico. Define-se como o núcleo de todos os direitos fundamentais, que são dela decorrentes e garantidores, afirmando-os enquanto essenciais à proteção de bens imprescindíveis aos seres humanos.

A partir de uma aproximação fundada na dignidade humana e nos direitos fundamentais, entende-se como inadmissível o acesso patronal à informação genética do trabalhador por meio da feitura de testes genéticos, tanto em sede de processo formativo do contrato de trabalho quanto durante a vigência do vínculo laboral. Tal conclusão está fundamentada, nomeadamente, nas incertezas científicas quanto à manifestação das predisposições genéticas, bem como na declarada possibilidade de violação da dignidade e dos direitos fundamentais do trabalhador.

As previsões baseadas nos resultados dos testes genéticos não são absolutas, possuem caráter meramente probabilístico, a afecção pode nunca chegar a manifestar-se. Caso esta se exteriorize, não há como garantir quanto tempo levará para os sintomas aparecerem ou prever o grau de severidade com que a doença irá aparecer. A utilização desta informação como requisito para formação ou permanência do vínculo de trabalho levará à exclusão de indivíduos capacitados e que podem conservar-se assim por toda a vida profissional, não sendo defensável negar trabalho àqueles portadores de genes deficientes apoiado em simples expectativas.

A inadmissibilidade dos testes genéticos no âmbito laboral é justificada por consubstanciar violação ao direito ao trabalho, algo socialmente indispensável. A má utilização da análise genética tem o poder de criar uma classe de pessoas que, sendo presentemente aptas para o trabalho, ficarão afastadas do trabalho, o que representa um retrocesso no que toca a luta pelo acesso ao emprego e à liberdade de exercício profissional. O custo social será demasiado elevado para a sociedade, gerando discriminação e estigmatição de pessoas que necessitarão ser permanentemente sustentadas pelo erário público.

Apesar das incontáveis pesquisas no campo da genética humana sobre mutações genéticas e risco de doenças em certos grupos de trabalhadores, o nexo de causalidade ainda não foi definitivamente estabelecido. São necessárias mais investigações para estabelecer com certeza tal relação, razão pela qual o uso da informação genética para tomada de decisões na relação de trabalho não é aceitável. Outrossim, os cuidados com o ambiente de trabalho, por meio da eliminação ou diminuição a níveis aceitáveis de exposição, representam a maneira mais eficaz de proteção da saúde do trabalhador, não devendo ser suprimidos pelo recurso à análise genética.

O conhecimento da informação genética individual permite a construção de "perfis de risco" dos trabalhadores que, para além de uma possível utilidade no controle da saúde na empresa, serão utilizados, nomeadamente, para fins de remoção ou exclusão das pessoas dos postos de trabalho. Com a busca por trabalhadores mais resistentes, tolerantes à exposição, ao invés da redução dos perigos no ambiente de trabalho, faz-se caminho oposto à proposta de utilizar o conhecimento genético para melhoria da saúde e da qualidade de vida dos trabalhadores.

A procura pelo indivíduo "perfeito" para o trabalho inserirá na sociedade a falsa ideia da existência de genomas imaculados ou mais desenvolvidos, efetivando o "mito da saúde perfeita" e influenciando as opções reprodutivas, com o objetivo de procriação exclusiva de pessoas com as características almejadas pelo mercado. Ter-se-á a reedição das práticas eugênicas, com todas as terríveis consequências a elas inerentes.

Assim, todos os esforços deverão ser feitos no sentido de impedir que os dados genéticos humanos sejam utilizados de modo discriminatório na seara laboral, ou seja, de maneira que possam infringir os direitos humanos, as liberdades fundamentais ou a dignidade humana, ou conduzir à estigmatização de um indivíduo, de uma família, de um grupo ou de comunidades.

Por fim, deve-se repensar o que o homem entende como importante e avaliar os riscos do progresso científico. Faz-se necessária reflexão que permita captar as contingências sociais decorrentes das novas tecnologias e criar limites ao emprego do conhecimento científico, por meio de ditames éticos e jurídicos. A função da sociedade e do Direito é reconhecer a tempo os riscos acarretados pelas novas práticas e limitá-las de acordo com um princípio de prevenção, pois nem tudo que é possível de ser realizado é necessariamente permitido.

BIBLIOGRAFIA

ALARCÓN, Pietro de Jesus Lora. *Patrimônio genético humano e sua proteção na Constituição Federal de 1988*. São Paulo: Método, 2004.

ALHO, Clarice Sampaio. Dinâmica dos genes e medicina genômica. In: MIR, Luís (org.). *Genômica*. São Paulo: Atheneu, 2004.

AMADO, João Leal. Breve apontamento sobre a incidência da revolução genética no domínio juslaboral e a Lei n. 12/2005, de 26 de janeiro. *Questões Laborais*, Coimbra, n. 25, 2005.

_____. *Contrato de trabalho*. Coimbra: Coimbra Editora, 2010.

ANDRADE, José Carlos Vieira de. *Os direitos fundamentais na Constituição portuguesa de 1976*. 3. ed. Coimbra: Almedina, 2006.

APOSTOLIDES, Sara Costa. *Do dever pré-contratual de informação e da sua aplicabilidade na formação do contrato de trabalho*. Coimbra: Almedina, 2008.

ARASCAL, Federico; VALENCIA, Alfonso. Bioinformática. In: ZARAGOZA, Federico Mayor; BEDATE, Carlos Alonso (coords.). *Gen-Ética*. Barcelona: Ariel, 2003.

ARCHER, Luís. Genoma e Identidade. In: *Cadernos de Bioética*, n. 7, 1994.

_____. Genética predizente e eugenismo. *Bem da pessoa e bem comum*: um desafio à bioética. Coimbra: C.E.B, 1999

_____. *Da genética à bioética*. Coimbra: Gráfica de Coimbra, 2006.

ASCENSÃO, José de Oliveira. Pessoa, direitos fundamentais e direito da personalidade. In: DELGADO, Mário Luiz; ALVES, Jones Figueiredo. *Questões controvertidas. Parte geral do Código Civil. Série Grandes Temas de Direito Privado*. São Paulo: Método, [s. d.] v. 6.

ASHTON-PROLLA, Patrícia; GIUGLIANI, Roberto. Aconselhamento genético na era genômica. In: MIR, Luís (org.). *Genômica*. São Paulo: Atheneu, 2004.

ASSOCIAÇÃO BRASIL HUNTINGTON (ABH). Disponível em: <http://www.abh.org.br/oquee_huntington.htm>. Acesso em: 1º maio 2012.

AZOFRA, María Jorqui. Consideraciones éticas sobre la prática de los "test genético". Espacial consideración al contexto laboral. In: MORÁN, Narciso Martínez (coord.). *Biotecnológia, derecho y dignidad humana*. Comares: Editorial Comares, 2003.

BARBAS, Stela Marcos de Almeida Neves. *Direito ao patrimônio genético*. Coimbra: Almedina, 1998.

_____. *Direito do genoma humano*. Coimbra: Almedina, 2007.

BARBOSA, Rui. *Oração aos moços*. Ed. Ridendo Castigat Mores. eBooks. Disponível em: <http://www.ebooksbrasil.org/eLibris/aosmocos.html>. Acesso em: 12 abr. 2012.

BARROS, José D'Assunção. A operação genealógica: a produção de memória e os Livros de Linhagens medievais portugueses. *Mouseion*, v. 1, n. 2, jul./dez. 2007.

BATTAGLIA, Felice. *Filosofia do trabalho*. São Paulo: Saraiva, 1958.

BENGOECHEA, Juan A. Sagardoy. *Los derechos fundamentales y el contrato de trabajo*. Navarra: Civitas, 2005.

BERNAT, Edwin. Aspectos legales de los avances en genética humana: un punto de vista austríaco. *Revista de Derechoy Genoma Humano*, Bilbao, n. 3, jul./dec. 1995.

BORGES-OSÓRIO, Maria Regina; ROBINSON, Wanyce Miriam. *Genética humana*. São Paulo: Artmed, 2002.

BRANDÃO, Claudio. *Acidente do trabalho e responsabilidade civil do empregador*. 2. ed. São Paulo: LTr, 2006.

BRASIL. *Constituição da República Federativa do Brasil, 1988*. Disponível em: <www.planalto.gov.br>. Acesso em: 23 maio 2011.

_____. Conselho Nacional de Saúde. *Resolução CNS 340/2004 — Diretrizes para Análise Ética na área de Genética Humana de 8 de julho de 2004*. Disponível em: <http://conselho.saude.gov.br/resolucoes/reso_04.htm>. Acesso em: 28 jun. 2012.

_____. *Consolidação das Leis do Trabalho*. Decreto-Lei n. 5.452 de 1º maio de 1943. Disponível em: <http://www.planalto.gov.br/ccivil_03/Decreto-Lei/Del5452compilado.htm>. Acesso em: 28 jun. 2012.

_____. *Projeto de Lei n. 4610, de 1998*. Define os crimes resultantes de discriminação genética. Disponível em: <http://www.camara.gov.br/sileg/prop_detalhe.asp?id=20995>. Acesso em: 28 mar. 2012.

BRAVO-FERRER, Miguel Rodríguez Piñero y. Implicaciones del conocimiento genetico en las relaciones laborales. *El Derecho ante el Proyecto Genoma Humano*. Bilbao: Fundación BBV, 1994. p. 285-297. V. IV.

CAMPOS, Júlia. Igualdade e não discriminação no direito do trabalho. In: *IV Congresso Nacional de Direito do Trabalho*. Coimbra: Almedina, 2002. p. 265-321.

CANOTILHO, J. J. Gomes. *Direito constitucional e teoria da Constituição*. 7. ed. Coimbra: Almedina, 2003.

_____. MOREIRA, Vital. *Constituição da República Portuguesa anotada*. 4. ed. Coimbra: Coimbra Editora, 2007.

CASABONA, Carlos María Romeo. *Del gen al derecho*. Bogotá: Universid Externado de Colombia – Centro de Estudios sobre Genética y Derecho, 1996.

_____. *Los genes y sus leyes:* el derecho ante el genoma humano. Bilbao; Granada: Fundación BBVA y Editorial Comares, 2002.

CASTANHEIRA NEVES, A. O instituto os — assentos — e a função jurídica dos supremos tribunais. In: *Revista de legislação e jurisprudência*. Coimbra: Editora Coimbra, 1983.

CATALANO, Giuseppe. Analisis genetico de los trabajadores italianos: un enfoque jurídico. *El Derecho ante el Proyecto Genoma Humano*. Bilbao: Fundación BBVA, 1994. p. 329-339. V. IV.

CHADWICK, Ruth; LEVITT, Main; SHICKLE, Daren (eds.). *The Right to Know and the Right not to Know*. Aldershot UK; Brookfield USA: Ashgate, 1998; 1999.

CHAMPE, Pamela C.; HARVEY, Richard A.; FERRIER, Denise R. *Bioquímica ilustrada*. 3. ed. São Paulo: Artmed, 2006.

CIRIÓN, Aitziber Emaldi. *El consejo genético y sus implicaciones jurídicas*. Bilbao; Granada: Fundación BBVA, 2001.

COLLINS, Francis S. Genomics: the Coming Revolution in Medicine. *Global Agenda, The magazine of the World Economic. Forum Annual Meeting, 2003*. Disponível em: <http://www.genome.gov/Pages/News/Documents/GlobalAgenda.pdf>. Acesso em: 03 abr. 2012.

COLLINS, Francis S.; MORGAN M., Patrinos A. *The Human Genome Project:* Lessons from Large-scale Biology. Science, 2003.

COMITÉ CONSULTATIF NATIONAL D'ETHIQUE. *Opinion Regarding the Application of Genetic Testing to Individual Studies, Family Studies and Population Studies. (Problems Related to DNA "Banks", Cell "Banks" and Computerisation). N. 25, de 24 de junho de 1991*. Disponível em: <http://www.ccne-ethique.fr/docs/en/avis025.pdf>. Acesso em: 09 abr. 2012.

CONFERÊNCIA GERAL DA ORGANIZAÇÃO INTERNACIONAL DO TRABALHO. *Convenção n. 111 da OIT, sobre a Discriminação em matéria de Emprego e Profissão de 25 de Junho de 1958*.

CONSELHO DA EUROPA. *Convenção para a proteção dos direitos do homem e da dignidade do ser humano face às aplicações da biologia e da medicina:* convenção sobre os Direitos do Homem e a Biomedicina. Disponível em: <http://dre.pt/pdf1sdip/2001/01/002A00/00140036.pdf>. Acesso em: 09 abr. 2012.

CORCOY, Mirentxu Bidasolo. Medicina predictiva y discriminación. *Cuadernos de la Fundació Victor Grifais i Lucas*. Barcelona, n. 4, 2001.

DANCHIN, Antoine. *A decifração genética* – o que o texto dos genomas revela. Lisboa: Instituto Piaget, 1998.

DECLARAÇÃO DE MANZANILLO DE 1996, revisada em Buenos Aires em 1998. *Declaração Ibero-Latino-Americana sobre Ética Genética*. Disponível em: <http://revistabioetica.cfm.org.br/index.php/revista_bioetica/article/viewFile/338/406>. Acesso em: 08 abr. 2012.

DELGADO, Maurício Godinho. Direitos fundamentais na relação de trabalho. *Revista LTr*, São Paulo, v. 70, n. 06, jun. 2006.

DIAS, Edilberto de Castro. As implicações da clonagem humana. Disponível em: <http://jus.com.br/revista/texto/1853/implicacoes-legais-da-clonagem-humana>. Acesso em: 29 mar. 2012.

DÍAS-FLORES, Mercedes Alberruche. *La clonación y selección de sexo:* derecho genético? Madrid: Dykinson, 1998.

DOMÍNGUEZ, Juan José Fernández. *Pruebas genéticas en el derecho del trabajo*. Madrid: Civitas, 1999.

DRAY, Guilherme Machado. *O princípio da igualdade no direito do trabalho*. Coimbra: Livraria Almedina, 1999.

_____. *Direitos de personalidade* — anotações ao código civil e ao código do trabalho. Coimbra: Almedina, 2006.

FARIAS, Paulo José Leite. Limites éticos e jurídicos à experimentação genética em seres humanos. Disponível em: <http://jus.com.br/revista/texto/1856/limites-eticos-e-juridicos-a--experimentacao-genetica-em-seres-humanos>. Acesso em: 29 mar. 2012.

FERREIRA FILHO, Manuel Gonçalves. *Comentários à Constituição brasileira de 1988*. 2. ed. São Paulo: Saraiva, 1997.

FIORILLO, Celso Antonio Pacheco. In: MELO, Raimundo Simião de. *Direito ambiental do trabalho e a saúde do trabalhador:* responsabilidades legais, dano material, dano moral, dano estético, perda de uma chance. 2. ed. São Paulo: LTr, [s. d.].

GALLARDO, Mercedes Vidal. Riesgo genético y discriminación. In: *Revista de Derecho y Genoma Humano — Law and the Human Genome Review*, n. 33, 2010.

GARRAFA, Volnei; COSTA, Sérgio Ibiapina F.; OSELKA, Gabriel. A bioética no século XXI. In: GARRAFA, Volnei; COSTA, Sérgio Ibiapina F. (orgs.). *A bioética no século XXI*. Brasília: Editora UnB, 2000.

GATTACA. Produção de Andrew Niccol. Columbia Pictures,1997.

GOLDBLATT, David. *Teoria social e ambiente*. Lisboa: Instituto Piaget, 1996.

GOMES, Júlio Manuel Vieira. *Direito do trabalho. Relações individuais de trabalho*. Coimbra: Coimbra Editora, 2007. V. I.

GRISOLIA, Santiago. A biotecnologia no terceiro milénio. In: CASABONA, Carlos Maria Romeo (org.). *Biotecnologia, direito e bioética. Perspectivas em direito comparado*. Belo Horizonte: Del Rey, 2002.

GUILLOD, Dominique Sprumont Oliver. Implicaciones del conocimiento genetico en las relaciones laborales. *El Derecho ante el Proyecto Genoma Humano*. Bilbao: Fundación BBV, 1994. p. 345-348. V. IV.

HAARSCHER, Guy. *A filosofia dos direitos do homem*. Lisboa: Instituto Piaget, 1993.

HALDANE, J. B. S. *Heredity and Politics*. London: Allen and Unwin, 1938.

HAMMERSCHMIDT, Denise. *Intimidade genética & direitos da personalidade*. Curitiba: Juruá, 2007.

HUMAN GENOME PROJECT. *About the Human Genome Project*. Disponível em: <http://www.ornl.gov/sci/techresources/Human_Genome/home.shtml>. Acesso em: 23 jan. 2012.

INTERNATIONAL WORKSHOP ON THE HUMAN GENOME PROJECT LEGAL ASPECTS. *The Declaration of Bilbao and Conclusions*. Disponível em: <http://www.michaelkirby.com.au/images/stories/speeches/1990s/vol29/1010-Fundacion_BBV_-_Closing_Statement_-_The_Declaration_of_Bilbao_and_Conclusions.pdf>. Acesso em: 08 abr. 2012.

JUNGES, José Roque. *Bioética; perspectivas e desafios*. São Leopoldo: UNISINOS, 1999.

JUNIOR, Nelson Nery; NERY, Rosa Maria de Andrade. *Constituição federal comentada e legislação constitucional*. 2. ed. São Paulo: Revista dos Tribunais, 2009.

KANT, Immanuel. *Metafísica dos costumes:* parte II — princípios metafísicos da doutrina da virtude. Lisboa: Edições 70, 2004.

LACADENA, Juan-Ramón. *Genética y bioética*. Madri: Desclée de Brouwer, 2002.

LEITE, Jorge. Princípio da igualdade salarial entre homens e mulheres no direito português. In: PENIDO, Laís de Oliveira (coord.). *A igualdade dos gêneros nas relações de trabalho*. Brasília: Escola Superior do Ministério Público da União, 2006. p. 11-22.

LOBO, Diana; AGUIAR, Cristina. *Doenças genéticas humanas*. [s. d.] Casa das ciências, 2012.

LÓPEZ, Raquel Rodríguez. Estúdio de susceptibilidad humana a padecer enfermedades complejas. Análises genéticos en grandes poblaciones. *Revista de Derecho y Genoma Humano*, n. 20, p. 228, 2004.

LOUREIRO, João Carlos Simões Gonçalves. O direito à identidade genética do ser humano. *Stvdia Ivridica*, n. 40, Coimbra, 2000.

_____. *Constituição e biomedicina*. Contributo para uma teoria dos deveres bioconstitucionais na esfera da genética humana. Coimbra: [s. d.] 2003, V. II.

MARQUES, Mário Reis. A dignidade humana como prius axiomático. In: ANDRADE, Manuel da Costa, ANTUNES, Maria João, SOUSA, Susana Aires de (orgs.). *Estudos em homenagem ao Prof. Doutor Jorge de Figueiredo Dias*. Coimbra: Coimbra Editora, 2009.

MARTINS, João Nuno Zenha. *O genoma humano e a contratação laboral:* progresso ou fatalismo? Oeiras: Celta Editora, 2002.

MAXWELL J.; MEHMAN, J. D.; JEFFREY R.; BOTKIN, M. D.; M. P. H. Access to the Genome — The Challenge to Equality. Washington, D. C.: Georgetown University Press, 1998. p. 40.

MCLEAN, Sheila A. M. A regulamentação da nova genética. In: CASABONA, Carlos Maria Romeo (org.). *Biotecnologia, direito e bioética*. Perspectivas em direito comparado. Belo Horizonte: Del Rey, 2002.

MEDEIROS, Fernando. *Um mar de possibilidades* — a medicina no passado, presente e futuro. São Paulo: Biblioteca 24x7, 2010. V. 2.

MELO, Helena Pereira de. *Implicações jurídicas do Projecto Genona Humano:* constituirá a discriminação genética uma nova forma de apartheid? Coimbra: Gráfica de Coimbra, 2007.

MIGUEL, Carlos Ruiz. La nueva frontera dei derecho a la intimidad. *Revista de Derecho y Genoma Humano*, Bilbao, n. 4, jan.-jun. 2001.

MILLER-KEANE, O'Toole. *Encyclopedia and Dictionary of Medicine, Nursing, and Allied Health*. 7. ed. [s. d]: Saunders, 2003.

MINISTÉRIO DA SAÚDE. *Manual de Normas Técnicas e Rotinas Operacionais do Programa Nacional de Triagem Neonatal*. Ministério da Saúde, Secretaria de Assistência à Saúde, Coordenação — Geral de Atenção Especializada. Brasília: Ministério da Saúde, 2002.

MIRALLES, Angela Aparisi. *El proyecto genoma humano:* algunas reflexiones sobre sus relaciones con el derecho. Valencia: Tirant lo Blanch, 1997.

MIRANDA, Jorge. *Manual de direito constitucional*. Tomo IV. 4. ed. Coimbra: Coimbra Editora, 2008.

MIRANDA, Jorge; MEDEIROS, Rui. *Constituição portuguesa anotada*. Coimbra: Coimbra Editora, 2005.

MOREIRA-FILHO, Carlos Alberto. Medicina genômica e prática clínica. In: MIR, Luís (org.). *Genômica*. São Paulo: Atheneu, 2004.

MOSER, Antônio. *Biotecnologia e bioética:* para onde vamos? São Paulo: Vozes, 2004.

NARDI, Nance Beyer. Doenças genéticas. Gênicas, cromossômicas, complexas. In: MIR, Luís (org.). *Genômica*. São Paulo: Atheneu, 2004.

NATIONAL HUMAN GENOME RESEARCH INSTITUITE, National Institutes of Health. *Genetic Information and the Workplace*. Disponível em: <http://www.genome.gov/10001732>. Acesso em: 22 mar. 2012.

NETO, Francisco Vieira Lima. *O direito de não sofrer discriminação genética*. Rio de Janeiro: Lumen Juris, 2008.

NIEUWENKAMP, Johanna Kits. The Convention on Human Rights and Biomedicine. In: RENDTORFF, Jacob Dahl (ed.). *Basic Ethical Principles in European Bioethics and Biolaw.* Partners' Research. Barcelona: Centre for Ethics and Law, 2000. V. II.

OLIVEIRA, Guilherme de. Implicações jurídicas do conhecimento do genoma. *Temas de direito da medicina*. 2. ed. Coimbra: Coimbra Editora, 2005.

OLIVEIRA, Sebastião Geraldo de. *Indenização por acidente de trabalho ou doença ocupacional*. 2. Ed. São Paulo: LTr, 2009.

PACTO INTERNACIONAL DOS DIREITOS ECONÓMICOS, SOCIAIS E CULTURAIS, 1966. Disponível em: <http://www.cidadevirtual.pt/cpr/asilo2/2pidesc.html#a7>. Acesso em: 27 abr. 2012.

PARLAMENTO EUROPEU, CONSELHO DA UNIÃO EUROPEIA E COMISSÃO EUROPEIA. *Carta dos Direitos Fundamentais da União Europeia*. Disponível em: <http://www.europarl.europa.eu/charter/pdf/text_pt.pdf>. Acesso em: 08 abr. 2012.

PENA, Sérgio Danilo Junho. Apresentação. Medicina genômica. In: MIR, Luís (org.). *Genômica*. São Paulo: Atheneu, 2004.

PEREIRA, António Garcia. A grande e urgente tarefa da dogmática juslaboral: a constitucionalização das relações laborais. In: *V Congresso Nacional de Direito do Trabalho*. Coimbra: Almedina, 2002. p. 271-293.

PETTERLE, Selma Rodrigues. *O direito fundamental à identidade genética na Constituição brasileira*. Porto Alegre: Livraria do Advogado, 2007.

PIOVESAN, Flávia. *Direitos humanos e justiça internacional:* um estudo comparativo dos sistemas regionais europeu, interamericano e africano. São Paulo: Saraiva, 2006.

PORTUGAL. Conselho Nacional de Ética para as Ciências da Vida. *Parecer n. 43 sobre o projeto de lei n. 28/IX, informação genética pessoal e informação de saúde*, 2004.

_____. *Código do Trabalho*. Disponível em: <http://dre.pt/pdf1s/2009/02/03000/0092601029.pdf>. Acesso em: 28 jun. 2012.

_____. *Constituição da República Portuguesa*. Disponível em: <http://www.parlamento.pt/Legislacao/Documents/constpt2005.pdf>. Acesso em: 28 jun. 2012.

_____. *Estatuto da ordem dos médicos*. Disponível em <https://www.ordemdosmedicos.pt>. Acesso em: 28 mar. 2012.

_____. *Lei n. 12/2005 de 26 de janeiro*. Disponível em: <http://www.cnpd.pt/bin/legis/nacional/Lei12-2005.pdf>. Acesso em: 28 jun. 2012.

REALE, Miguel. *Filosofia do direito*. São Paulo: Saraiva, 2002.

RESENDE, Renato de Souza. A centralidade do direito ao trabalho e a proteção jurídica ao emprego. In: PIOVESAN, Flávia; CARVALHO, Luciana Paula Vaz de. *Direitos humanos e direito do trabalho*. São Paulo: Atlas, 2010.

RIBEIRO, Diógenes V. Hassan. *Proteção da privacidade*. São Leopoldo: Unisinos, 2003.

RIDLEY, Matt. *Genoma* — autobiografia de uma espécie em 23 capítulos. Lisboa: Gradiva, 2001.

RODRIGUEZ, José Antonio Seoane. De la intimidad genética al derecho a la protección de dados genéticos (Parte I). *Revista de Derecho y Genoma Humano*, Bilbao, n. 16, jan.-jun. 2002.

RUFFIE, Jacques. *O nascimento da medicina preditiva*. Lisboa: Instituto Piaget, 1995.

RUIZ, Javier Blázquez. *Derechos humanos y proyecto genoma*. Granada: Editorial Comares, 1999.

SÁNCHEZ, Noélia Miguel. *Tratamiento de datos personales en el âmbito sanitario:* intimidad "versus" interés público. Valencia: Tirantlo Blanch, 2004.

SARLET, Ingo Wolfgang. *A eficácia dos direitos fundamentais*. 8. ed. Porto Alegre: Livraria do Advogado, 2007.

_____. *Dignidade da pessoa humana e direitos fundamentais na Constituição de 1988*. 5. ed. Porto Alegre: Livraria do Advogado, 2007.

SCHULTE, P. A., HALPERIN W. E. Genetic Screening and Monitoring in the Workplace. In: HARRINGTON, J. M. *Recent Advances in Occupational Health*. Edinburgh: Churchill Livingstone, 1987. p. 135-154. V. 3.

SÉGUIN, Elida. *Biodireito*. 4. ed. Rio de Janeiro: Lumen Juris, 2005.

SEQUEIROS, Jorge. Aconselhamento genético e teste preditivo na doença de Machado-Joseph. In: SEQUEIROS, Jorge (ed.). *O teste preditivo da doença de Machado-Joseph*. Porto: UnIGENe, IBCM, 1996.

SILVA, José Afonso da. *Curso de direito constitucional positivo*. 9. ed. São Paulo: Malheiros, 1992.

SILVA, Reinaldo Pereira e. *Introdução ao biodireito:* investigações político-jurídicas sobre o estatuto da concepção humana. São Paulo: LTr, 2002.

SILVEIRA, Fabiano Augusto Martins. *Da criminalização do racismo:* aspectos jurídicos e sociocriminológicos. Belo Horizonte: Del Rey, 2006.

SOUTO, Dafhnis Ferreira. *Saúde no trabalho:* uma revolução em andamento. Rio de Janeiro: Senac Nacional, 2004.

SUPIOT, Alain. O direito do trabalho ao desbarato no "mercado de norma". In: *Questões Laborais,* ano XII, n. 26, 2005.

THE EUROPEAN PARLIAMENT, *Resolution on the Ethical and Legal Problems of Genetic Engineering*. Disponível em: <http://www.codex.vr.se/texts/EP-genetic.html>. Acesso em: 09 abr. 2012.

THOMPSON, James; THOMPSON, Margaret. *Genética médica*. 6. ed. Rio de Janeiro: Guanabara Koogan, 2002.

U.S. CONGRESS, Office of Technology Assessment. *Genetic Monitoring and Screening in the Workplace*. Washington, DC: U.S. Government Printing Office, 1990.

U.S. DEPARTMENT OF HEALTH AND HUMAN SERVICES, Centers for Disease Control and Prevention, National Institute for Occupational Safety and Health. *Genetics in the Workeplace:* Implications for Occupational Safety and Health. NIOSH, 2009.

UNESCO. *Declaração internacional sobre dados genéticos humanos*. Disponível em: <http://bvsms.saude.gov.br/bvs/publicacoes/declaracao_inter_dados_genericos.pdf>. Acesso em: 08 abr. 2012.

_____. *Declaração universal de bioética e direitos humanos*. Disponível em: <http://unesdoc.unesco.org/images/0014/001461/146180por.pdf>. Acesso em: 08 abr. 2012.

_____. *Declaração universal sobre o genoma humano e direitos do homem*. Disponível em: <http://unesdoc.unesco.org/images/0012/001229/122990por.pdf>. Acesso em: 09 abr. 2012.

_____. *Declaração universal dos direitos humanos*. Disponível em: <http://unesdoc.unesco.org/images/0013/001394/139423por.pdf>. Acesso em: 28 de jun. 2012.

VILLALOBOS, Patricia Kurczyn. El trabajador frente al genoma humano. In: MEDRANO, Marcia Muñoz de Alba. (coord.). *Reflexiones en torno al derecho genómico*. Universidad Nacional Autonoma de México, 2002.

VILLELA, Fábio Goulart. *Manual de direito do trabalho:* teoria e questões. Rio de Janeiro: Elsevier, 2010.

WIESE, Günther. Implicaciones del conocimento genético en las relaciones laborales. *El derecho ante el proyecto genoma humano*. Bilbao: Fundación BBV, 1994. p. 261-284. V. IV.

XAVIER, Bernardo da Gama Lobo. O acesso à informação genética. O caso particular das entidades empregadoras. *Revista de direito e de estudos sociais*, Lisboa, ns. 3 e 4, 2003.

ZORRINHO, Carlos. *Gestão da informação* — condição para vencer. Coimbra: IAPMEI, 1995.